KB189284

바다

저자와의 대화

김인현 · 유창근 외 10인 공저

12인의 전문가가 들려주는 바다이야기

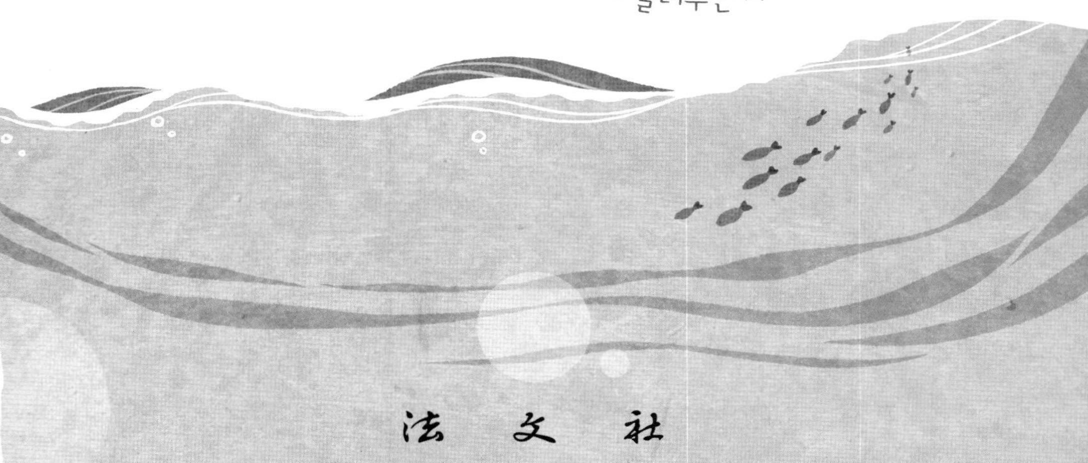

法 文 社

발 간 사

오랫동안 기다렸던 “바다, 저자와의 대화” 제4권이 출간된다. 많은 사람들의 노력과 땀이 모여서 만들어진 소중한 책이다. 2023년 제3권을 발간한 다음 2년 만에 제4권이 나오게 되었다. 바다, 저자와의 대화 공부모임 제5라운드에서 발표한 분들의 발표내용을 요약하여 책으로 펴낸 것이다.

제4권에서는 유창근 전 현대상선(HMM) 사장, 최수범 박사, 한철환 동서대학교 교수, 송강현 한국선급 박사, 이상근 고려대학교 교수, 임도형 아비커스 사장, 정중수 안동대학교 교수, 김연빈 대표, 박범진 경희대학교 겸임교수, 이성철 변호사, 김인현 교수, 하동현 선장 등 12분의 글이 실렸다. 모두 30년 이상 해운, 조선, 물류, 수산 분야에서 종사한 분들이다. 자신의 경험과 연구결과를 책자로 만들었고 거기에 바탕을 두고 제5라운드에서 발표한 것들이다.

이상근 교수와 정중수 교수에게는 바다와 직접 관련은 되지 않지만 바다 관련 산업활동에 기초가 되는 AI와 반도체에 대한 강의를 요청했다. 이분들의 강의는 회원들로부터 큰 박수를 받은 바 있다. 책자에 넣어서 바다 관련 산업종사자들에게 도움이 되도록 했다.

12명을 대표하여 정필수, 신언수, 유창근 좌장님들의 축사도 같이 실었다. 모두 우리 모임의 지향하는 바를 관통하는 명문장으로 구성되어 있다.

아쉬운 점은 제3라운드와 제4라운드에 발표한 내용들이 편집의 지연으로 아직 책자가 나오지 못해서 제5라운드의 발표내용이 먼저 제4권으로 나오게 된 점이다. 제3라운드와 제4라운드에 발표내용도 곧 제5권으로 출간되도록 할 것이다.

제4권의 편찬에 힘써주신 방호삼 교수님과 최선우 조교 그리고 법문사 김제원 이사님 등 관계자분들께 감사드린다. 제1권, 제2권 그리고 제3권에 이어서 독자들의 사랑을 듬뿍 받기를 바란다. 본 모임에 재정적 지원을 해주시는 해사재단 관계자들에게도 감사드린다.

2025. 2. 10.

㈔바다 저자와의 대화 운영대표

김 인 현

바다, 저자와의 대화 제4권 출간을 축하합니다

격주 토요일마다 Zoom을 통한 비대면 공부방에서 "바다"가 화두로 던져졌습니다. 아직도 '바다' 하면 상경감이 앞서고 남의 일처럼 멀리 느껴지는 현상을 부인할 수는 없지만 지난 5년간 격주로 진한 바다 냄새를 맡고, 그들의 숨소리를 들으며, 바다 사랑을 키워 온 우리에게는 가슴 벅찬 감동의 시간이었습니다. 바다를 주제로 정하고 바다를 통해 지식을 쌓아 온 화톳방 나눔은 많은 바다 사랑이에게 어느덧 생활의 한 부분이 되어 버렸습니다. 개인적으로 축적해 왔던 바다 관련 지식과 연구 결과를 공동 의제로 내걸고 같이 의견을 나누고 더 깊은 발전의 기틀을 만드는 과정은 뜻깊고 어깨가 으쓱해지는 환희의 순간이었습니다. 정리를 거듭하여 이제 "바다, 저자와의 대화" 시리즈 제4권이 긴 산통을 겪으며 책으로 발간되니 수고 많았습니다. 30년 이상 해운, 조선, 물류, 수산 분야에서 바다와 깊은 인연을 맺고 있는 12분의 정성이 넘치는 옥고는 먼저 발간된 시리즈 세 권에 더해 깊고 너른 바다로 우리를 안내하고 있어 한결 무게가 더해집니다.

급변하고 있는 삶의 현장은 바다라고 예외가 될 수 없는데 새로운 기술이 자리 잡아 가는 산업활동에 기초가 되는 AI와 반도체에 관한 두 분의 강의는 궁금증이 커지던 바다 관련 회원들에게 단비와 같은 설명이 되었고 더욱 밝아진 시야로 미래 발전 과정을 지켜볼 수 있게 되었음도 흐뭇한 일입니다. 천여 회원들이 적극적으로 참여하고 진지한 대화의 장으로 성장하고 있는 토요 대화방을 돌아보면서 앞으로 더욱 참여자가 늘고 주제도 바다에 관한 한 막힘없이 다루어 국민 속의 대화방으로 발전해야 할 것입니다. 이러한 발전 방향을 생각하며 채근담이 전하는 격려사를 전하고 싶습니다. "강물은 흐르면서도 뒤를 돌아보지 않는다. 바위에 부딪히면 돌아가고, 길이 막히면 스며든다. 그러나 멈추지 않고 끝내 바다에 이른다. 삶도 그러하다. 넘어짐을 두려워하지 말고, 흘러갈 길을 찾아라. 결국, 그대는 그대가 가야 할 곳에 다다를 것이다." 우리 사이버 토론장도 꾸준히 이어가 온 국민이 바다를 가까이하고 즐기는 해양민족으로 다시 태어날 때까지 바다 관련 열정을 키워나가기 바랍니다.

바다라는 주제는 이제 전문가, 관심 있는 일부 집단만의 잔치가 아니라 온 국민이 풍덩 빠져들어 같이 느끼고 생활하면서 미래로 가는 길목이 되어야 한다고 여깁니다. 바다를 알고 이겨내는 자가 바로 미래를 그리고 새로운 우리의 역사를 만들어 갈 것이라는 확신 아래 그 버팀목이 될 "바다, 저자와의 대화" 제4권 발간을 축하드립니다.

한국종합물류연구원장
정 필 수

축 사

-"바다, 저자와의 대화 제4권" 발간에 즈음하여-

"집단지성이 만들어내는 문명, 그리고 바다를 통한 지식의 융합과 통섭"

아널드 토인비(Arnold J. Toynbee)는 그의 저서 『역사의 연구(A Study of History)』에서 문명은 도전과 응전의 과정에서 탄생한다고 설명했습니다. 인간은 끊임없이 환경과 시대의 도전에 응전하며 새로운 문명을 창조해 왔습니다. 그리고 이 과정에서 가장 중요한 원동력은 집단지성이 융합되고 확장되면서 새로운 패러다임을 만들어내는 것이었습니다.

『바다, 저자와의 대화』는 단순히 바다라는 공간을 탐구하는 데서 그치지 않고, 집단지성이 서로 융합(Synergy of Knowledge)하며 새로운 지평을 열어가는 과정을 담고 있습니다. 특히 이번 제4권에서는 바다가 단순한 생존과 문명의 공간을 넘어, 반도체와 같은 첨단 산업과 역사, 21세기의 핵심 기술과 문명으로까지 탐구의 범위를 확장하고 있다는 점에서 더욱 의미가 깊습니다.

21세기를 이끄는 혁신은 이제 "산업과 학문의 경계를 넘나드는 통섭(Consilience)"을 통해 이루어지고 있습니다. 집단지성이 특정 분야에 갇히지 않고, 첨단 과학기술, 역사, 산업, 그리고 문명 전체를 아우르는 새로운 융합의 흐름을 만들어가고 있는 것입니다. 『바다, 저자와의 대화』의 집단지성 역시 이러한 흐름 속에서 바다라는 키워드를 중심으로, 학문과 산업을 넘나드는 통찰과 지식을 융합하는 역할을 해내고 있습니다.

이 모든 과정이 가능했던 것은 지난 5년 동안 『바다, 저자와의 대화』를 이끌어주신 우리의 선장, 김인현 교수님의 헌신과 리더십 덕분입니다. 또한, 자발적으로 참여해 주신 강사, 저명인사 여러분들의 노력과 열정이 있었기에 오늘 우리가 이 자리에서 새로운 지식의 결실을 맞이할 수 있었습니다. 어려운 코로나19 시대를 지나오며 흔들림 없이 이 모임을 지속적으로 발전시켜 주신 모든 분들께 깊이 감사드립니다.

이 책이 단순한 바다 연구를 넘어, 21세기 문명의 새로운 방향을 탐색하는 계기가 되기를 기대합니다. 함께 지식을 쌓아 올려온 모든 분들께 다시 한번 존경과 감사를 표하며, 『바다, 저자와의 대화』 제4권의 출간을 축하드립니다. 감사합니다.

2025년 2월 10일
새로운 대한민국을 바라보며

대우세계경영연구회 부회장
신 언 수 드림

"바다, 저자와의 대화 제4권"의 출간에 즈음하여

꿈틀대는 바다 DNA

3년 전 베스트셀러였던 "창발의 시대"에서 작가 패트릭 와이먼은 우리가 잘 아는 18세기 산업혁명보다 250년 빠른 15세기 말부터 40년간 서양에서는 항해술, 인쇄술, 종교적 격변, 무역 금융업, 국가 팽창과 세계화, 화약을 사용한 새로운 전쟁 등의 요인이 동시다발적으로 발생했는데 이 시기가 동서양의 격차를 벌리는 분기점이 되었다는 것입니다.

오늘도 우리 주변에서 볼 수 있듯이 AI의 급속한 발전, 환경규제로 인한 화석연료의 대안 연료 개발, 국가우선주의, 드론, 로봇을 사용하는 새로운 전쟁 등이 동시다발적으로 발생하고 있는 창발의 시대에 살고 있다 하겠습니다. 과거와 다른 점은 서구 문명을 대표하는 미국과 그 간의 격차를 줄이기 노력해 온 중국이 거칠게 부딪히고 있다는 것입니다. 특히 미국은 그간 포기해 왔던 해양대국으로의 회기를 꾀하고 재기를 선언한 상태입니다.

이 새로운 창발의 시대는 우리에게 도전이자, 기회입니다. 미국과 중국이 모든 분야에서 선두가 될 수 없습니다. AI의 기술의 조선, 해운, 물류, 수산 등 분야에 활용, 접목 그리고 화석 연료의 대안 연료 개발 등은 바다 DNA를 가진 우리가 잘 할 수 있는 분야라 생각합니다.

지난 5년간 "바다, 저자와의 대화" 모임은 바다와 관련된 역사, 문화, 과학 등 다양한 분야에서 종합적 지식과 경험을 나누는 소중한 공간으로서 귀중한 열매가 하나둘 맺어지고 있습니다.

이번 발간되는 책자가 새로운 창발의 시대에 우리의 바다 관련 산업이 선두로 도약하는 데에 일조하기를 기대합니다. 그동안 바다 모임을 이끌어 주신 김인현 교수님과 함께 지식을 나눈 모든 분들께 감사의 말씀을 드립니다.

“바다, 저자와의 대화” 제4권의 출간을 축하드립니다.
감사합니다.

전 현대상선(HMM) 사장
유 창 근

차 례

제 1 부

해운·물류

정기선 시황과 전망

유창근(전 현대상선 사장, 전 인천항만공사 사장)

1. 머리말

지난 1년 사이 세계 정기선 해운(이하 세계 컨테이너 시장)은 많은 변화를 겪었다. 이는 타 산업에 비해 변동성이 큰 업의 특징을 가진 해운업의 특성상 놀라운 일은 아니지만 포스트 코로나 시대에 컨테이너 시장이 안정화되어 가고 있었고 시장에서 수급의 메커니즘이 작동하기 시작하던 시점에서 또 다른 형태의 공급망 장애로 인해 시장의 예상과 다른 방향으로 전개되어 있다.

포스트 코로나 시대에 대두된 것이 공급망 교란으로, 현재는 코로나 시기에 겪었던 공급망 문제가 질병이 아닌 다른 사유로 물류 흐름과 전 세계 해상수송체계에 영향을 미치고 있다.

이번에 문제가 된 것은 예멘 후티 반군의 홍해에서의 해상도발로 대부분의 선사들이 테러 위험성이 높은 홍해-수에즈 운하 항로를 기피하고 아프리카 남단 희망봉 항로를 선택함으로써 전 세계적으로 선복 수급에 큰 변화를 가져와 운임이 급등하였고 일시적으로 컨테이너 박스의 부족 현상을 겪었다.

국제정세가 갈수록 불안정해지고 있고 현재 진행되고 있는 러시아-우크라이나, 이스라엘-아랍 국가 간 무력충돌도 끝이 보이지

* <바다, 저자와의 대화> 제5라운드 제155강(2024. 4. 20.)에서 발표함.

않는 상황에서 앞으로도 전쟁 · 테러로 인한 공급망 와해의 위험성은 더욱 커지고 있다. 선사와 화주 공히 특히 화주 측에서 이 예측이 어려운 공급망 문제를 어떻게 대응해 나아갈 것인가 숙제로 남아 있다.

공급망 장애 외에도 글로벌 선사의 순위와 협력체계에 변화가 시작되었다. 이미 2017년 Maersk가 더 이상 초대형선을 신조하지 않겠다고 선언한 이후 예견된 일이었지만 선복량 면에서 MSC에게 수위 자리를 양보해야 했고, EU의 Consortia 협력에 대한 정책을 철회함에 따라 Maersk+MSC로 구성된 2M Alliance의 시장점유율이 과다하여 독과점 risk를 미리 제거하기 위해 2025년부터 MSC와 결별키로 합의한 것으로 보인다. MSC를 대신하여 규모가 상대적으로 작은 독일의 Hapag Lloyd와 Gemini라는 이름으로 2025년부터 협력하기로 하고 신조 발주를 재개하였다.

환경 규제 면에서는 유럽이 주도적으로 앞서 나아가고 IMO가 타지역의 의견을 반영하여 좇아가는 상황이다. 기대를 모았던 새로운 대체연료 개발이나 탄소포집 등 기술적인 면에서 획기적인 발전은 없었으나 선사들은 정중동의 상황에서 탄소중립시대를 대비하고 있다. 단기적으로 선사들은 점차적으로 증가가 예상되는 탄소세 등의 부담을 줄일 수 있는 연료전환 선박 개발에 열을 올리고 있으나 현재로서는 LNG연료 선박, Methanol연료 선박 발주가 대세를 이루고 있는 상황이다.

2. 세계 컨테이너 시장 상황과 전망

선사 협력 구조 변화

5대 글로벌 컨테이너 선사 중 4개사가 유럽 국적의 기업으로 과거 해운산업의 보호를 위한 동맹(conference)을 포함한 선사 간 협력을 허용한 Consortia 정책을 2024년 4월부로 연장 중지하기로 했다고 발표하였다.

지난 2008년 동맹 철폐 시에도 EU가 선사 간 협력의 범위와 위반 시 구체적인 제재 사항을 정하고 공표하는 데 1년여 시간이 걸렸던 것처럼 2024년 5월 이후 Consortia Block Exemption의 연장을 종료하고 선사 간 협력의 범위와 준수사항이 나오기까지 시간이 걸릴 것으로 보인다.

이의 영향으로 2M Alliance가 결별하고, Maersk/Hapag Lloyd 간 Gemini 협력 및 Ocean Alliance의 협력 연장 발표 등 2025년 이후 선사 간 협력관계의 추가적인 재편이 진행될 것으로 예상되나 2010년대 한 차례 글로벌 선사 체계의 대변혁으로 결과로 형성된 3 Alliance 협력체계에 큰 변화는 없을 것으로 예상된다.

글로벌 선사 선복량 변화

Total 4,938 Ships/15,407,129 TEU(As of Dec 31, 2011)

Rank	Operator	Operating Capacity(TEU)	Ships	Capacity Market Share
1	APM-Maersk	2,539,090	658	16.0%
2	MSC	2,121,747	479	13.3%
3	CMA CGM	1,342,190	392	8.4%
4	COSCON	648,157	148	4.1%
5	Hapag-Lloyd	645,462	146	4.1%
6	**APL**	**626.106**	**146**	**3.9%**
7	Evergreen	607,055	165	3.8%
8	**CSCL**	**547,564**	**151**	**3.4%**
9	**Hanjin Shg**	**478,299**	**100**	**3.0%**
10	**MOL**	**434,337**	**98**	**2.7%**
11	**Hamburg Sud**	**408,837**	**116**	**2.6%**
12	**OOCL**	**406,118**	**85**	**2.6%**
13	**NYK Line**	**399,924**	**100**	**2.5%**
14	**CSAV**	**378,756**	**84**	**2.4%**

15	Yang Ming	340,533	82	2.1%
16	**K Line**	**337,002**	**78**	**2.1%**
17	Zim	322,113	91	2.0%
18	HMM	295,249	61	1.9%
19	PIL	278,130	143	1.7%
20	**UASC**	**237,201**	**56**	**1.5%**

Total 6,035 Ships/28,593,258 TEU(As of Mar 04, 2024)

Rank	Operator	Operating Capacity(TEU)	Ships	Capacity Market Share
1	MSC	5,723,547	802	20.0%
2	Maersk	4,204,974	689	14.7%
3	CMACGM	3,626,043	629	12.7%
4	COSCO	3,102,925	493	10.9%
5	Hapag-Lloyd	2,008,947	276	7.0%
6	ONE	1,804,442	230	6.3%
7	Evergreen	1,648,821	212	5.8%
8	HMM	784,235	70	2.7%
9	YangMing	705,262	93	2.5%
10	Zim	683,283	130	2.4%
11	WanHai	479,517	117	1.7%
12	PIL	295,567	89	1.0%
13	SITC	161,566	101	0.6%
14	X-PressFeeders	159,441	83	0.6%
15	KMTC	150,704	64	0.5%
16	IRI니	136,722	30	0.5%
17	UniFeeder	136,400	84	0.5%
18	SeaLeadShipping	134,077	33	0.5%
19	Sinokor	124,221	82	0.4%
20	ZhongguLogistics	120,042	86	0.4%

Alliance 재편 현황

2011.Dec

Carriers/Alliance	Market Share
Maersk	23%
CKYH	15%
MSC	15%
CMA CGM	13%
New World Alliance	9%
Grand Alliance	9%
Evergreen	5%
CSCL	4%
UASC	3%
ZIM	2%
Others	2%

2011.Dec

Carriers/Alliance	Market Share
CKYH	24%
New World Alliance	17%
Grand Alliance	16%
Maersk	10%
Evergreen	9%
MSC	7%
CMA CGM	7%
CSCL	4%
ZIM	3%
Others	3%

2014.Dec

Carriers/Alliance	Market Share
2M	36%
Ocean 3	20%
CKYHE	23%
G6	19%
Others	2%

2014.Dec

Carriers/Alliance	Market Share
CKYHE	35%
G6	32%
2M	16%
Ocean 3	13%
Others	4%

2024.Feb

Carriers/Alliance	Market Share
OCEAN Alliance	34%
2M	35%
The Alliance	26%
Others	5%

2024.Feb

Carriers/Alliance	Market Share
OCEAN Alliance	36%
2M	26%
The Alliance	26%
Others	12%

※ 향후 시장 변화

① 2M **해체**('25년 1월부)

② Maersk / Hapag Lloyd, Gemini **협력 발표**('25년 1월부)

③ Ocean Alliance, **협력 연장**(2025~2033년)

(source: Alphaliner)

3. 환경 규제

EU의 CO2 관련 규제

2020년 아황산가스 배출 규제를 성공적으로 실시했던 IMO는 2021년 6월 IMO MEPC회의에서 2023년부터 기존 모든 선박에서 CO2 배출에 대해 조사하기로 결정하였다.

이에 EU 의회에서는 이 탄소집약도지수(CII, Carbon Intensity Indicator)를 근거로 2024년부터 탄소세를 도입하고 있으며 2025년 선사 측에서 자진 납부토록 하였으며 이에 더하여 2025년부터 탄소를 일정 수준 이상 배출하는 선사에 대해 penalty 성격의 FEM (FuelEU Maritime)을 부과하기로 결정하였다.

<table>
<tr><th>구분</th><th>EU ETS
('23년 4/18 유럽의회 승인)</th><th>FuelEU Maritime
('23년 7/25 유럽의회 승인)</th></tr>
<tr><td>내용</td><td>온실가스 배출 총량 규제</td><td>연료 내 탄소집약도 규제</td></tr>
<tr><td>시행일</td><td>2024년 1월 1일부('25/3 Report 제출, '25/9 배출권 제출)</td><td>2025년 1월 1일부('26/3 결과 제출, '26/6 Penalty 제출)</td></tr>
<tr><td>단계적 시행계획</td><td>
<table>
<tr><th>배출기간</th><th>배출권 제출비율</th></tr>
<tr><td>2024년</td><td>40%</td></tr>
<tr><td>2025년</td><td>70%</td></tr>
<tr><td>2026년(이후)</td><td>100%</td></tr>
</table>
</td><td>
(단위: CO2eq/MJ)
<table>
<tr><th>기간(년)</th><th>감축률</th><th>탄소집약도</th></tr>
<tr><td>2020(기준값)</td><td>-</td><td>91.16</td></tr>
<tr><td>2025~2029</td><td>-2%</td><td>89.34</td></tr>
<tr><td>2030~2034</td><td>-6%</td><td>85.69</td></tr>
<tr><td>2035~2039</td><td>-14.5%</td><td>77.94</td></tr>
<tr><td>2040~2044</td><td>-31%</td><td>62.90</td></tr>
<tr><td>2045~2050</td><td>-62%</td><td>34.64</td></tr>
<tr><td>2050~</td><td>-80%</td><td>18.23</td></tr>
</table>
</td></tr>
<tr><td>온실가스 범위</td><td>
<table>
<tr><th>배출기간</th><th>온실가스 종류</th></tr>
<tr><td>2024년</td><td>CO2</td></tr>
<tr><td>2025년</td><td>CO2</td></tr>
<tr><td>2026년(이후)</td><td>CO2, CH4, N20</td></tr>
</table>
</td><td>
<table>
<tr><th>배출기간</th><th>온실가스 종류</th></tr>
<tr><td>2025년부</td><td>CO2, CH4, N20</td></tr>
</table>
-온난화지수 고려 CO2 등가배출량 적용 (CO2 : 1, 0+4 : 25, N20 : 29)
</td></tr>
<tr><td>배출계수</td><td>Tank to Wake</td><td>Well to Wake</td></tr>
</table>

모두에서 언급한 바와 같이 환경규제를 앞세워 유럽이 주도적으로 앞서 나아가고 IMO 타 지역의 의견을 반영하여 좇아가는 모양새이지만 탄소 중립에 대한 전 세계적 공감대가 형성되어 있는 만큼 조만간 2027년에는 세계적으로 확산될 것으로 예상된다.

따라서 점차적으로 증가가 예상되는 탄소세 등의 부담을 줄이기 위해 기술개발에 열을 올릴 것으로 예상되나 현재로서는 LNG 연료 선박, Methanol 연료 선박 발주가 대세를 이루고 있는 상황이다. 최근 암모니아, 수소 연료 선박도 관심을 모으고 있으나 유독성, 연료탱크의 과다한 크기, 비싼 연료가격 등 극복해야 할 난제가 있다.

현재 관심을 모으고 있는 대체연료와 장·단점은 아래와 같이 요약할 수 있다.

대체연료와 장·단점

구분	바이오연료 (B100)	LNG(CH_4)	메탄올 (CH_3OH)	암모니아 (NH_3)	수소(H_2)
Pilot Fuel(%)	-	1~3%	5%	10% 이상	Not Defined
보관온도	20℃	**-162℃**	20℃	-33℃	**-253℃**
탱크용적	-	155%	220%	270%	400%
연료소모량	1.08	0.82	2.04	2.17	0.34
독성	×	×	Low	High	×
T-W	99%	72%	92%	0%	0%
W-W	16%	20~78%	0~112%	0~132%	0~144%

* T-W(Tank to Wake): 선박을 운용하기 위해 방출되는 온실가스량/IFO 대비.
* W-W(Well to Wake): 연료 또는 매개체의 생산, 공정, 운송 과정에서 배출되는 온실가스량/IFO 대비.
* IMO나 EU에서는 배출량 계산에 T-W보다 W-W를 적용.

바이오연료는 독성이 없고 현존선 엔진 개조 없이 사용 가능한 장점이 있다. 현 화석연료에 비해 탄소배출량에 있어 차이가 없으나 광합성 과정에서 공기 중 탄소 저감 효과를 감안할 때 W-W 측면에서 장점이 있다. 단 가격이 기존 연료에 비해 현저히 비싸 다른 연료와 혼합하여 사용한다.

LNG는 타 대체연료 대비 선박 건조 관련 기술과 연료 공급 인프라가 상당히 개발된 연료이다. IFO에 비해 아황산가스 배출 문제가 없으며 30% 정도 탄소 배출 저감 효과가 있다. 연료 효율이 좋아 IFO 대비 80%선으로 현재 신조 발주의 대종을 이루고 있다.

메탄올은 실온 보관이 가능하여 저장과 운송이 용이한 장점이 있다. 석유에서 추출한 메탄올은 IFO에 비해 탄소배출량이 92%이나 탄소와 수소의 화합으로 메탄올의 생산이 가능하며 이를 Green Methanol이라 한다. 탄소와 수소의 혼합 생산과정에 탄소 배출이 없었다면 net base로 탄소 배출 제로의 연료로 인정받을 수 있다. 메탄올은 전 세계적으로 공급량이 제한적으로 메탄올 추진 선박 발주 시 공급선 확보가 선행되어야 하고 Green Methanol은 가격이 비싼 단점이 있다. 그 밖에 연료 효율이 떨어지며 IFO에 비해 두 배 크기의 연료 탱크를 장착해야 하므로 화물 적재를 희생이 따르는 점도 고려해야 한다.

암모니아는 탄소를 함유하고 있지 않아 연소 시 아황산가스나 이산화탄소 배출이 전혀 발생하지 않는다는 장점이 있다. 그러나 독성이 있으며 Pilot Fuel이 10% 필요하며 메탄올과 같이 연료 효율이 좋지 않고 IFO에 비해 3배 가까운 크기의 연료 탱크를 필요로 해 화물 적재를 제한하는 등 단점을 가지고 있다. 가격 면에서도 대상 연료 중 가장 비싼 점도 해결해야 할 숙제이다.

수소 또한 탄소 제로 연료며 쉽게 얻을 수 있는 연료이나 기체 상태로 상온에서 저장이 불가하다. 따라서 영하 250도에서 보관 가능하여 운반과 저장의 문제, 안전성에 단점이 있어 선박에 연료 탱크 장착 시 LNG보다 더 안전에 보강이 필요하다. 수소 연료는 내

연기관용이 아니며 산소와 결합 시 나오는 전기를 이용 엔진을 구동하는 관계로 출력에 한계가 있어 피더선 위주로 검토 중인 것으로 알려져 있다.

이 외에도 탄소 포집 CCUS(Carbon Capture, Utilization & Storage) 기술을 적용 선박에 설치하는 사례가 늘고 있으나 이를 배출 감축량에 포함해 줄 것인가를 놓고 논란 중이다.

시장 수급

2024~25년 예상 선복 공급이 8.0% 4.6% 수준으로, 2023년 8% 증대에 이어 최근 10년 내 최고 수준으로 운임 약세가 예상되었으나 2023년 말 홍해 후티 반군 사태, Panama 지역 가뭄에 따라 Suez/ Panama 통항 제약 발생 등으로 희망봉 경유로 공급망이 재편되면서 기존 평균 12척이 운항되었던 극동 - 구주 항로에 추가로 4척이 투입되면서 선복 공급 과잉이 우려되던 신조 선복을 흡수한 결과 운임이 급등하였다. 성수기가 지나 2024년 말로 갈수록 안정화 될 것으로 예상되며 공급 대기 선복이 많아 장기적으로 시장 약세가 예상된다.

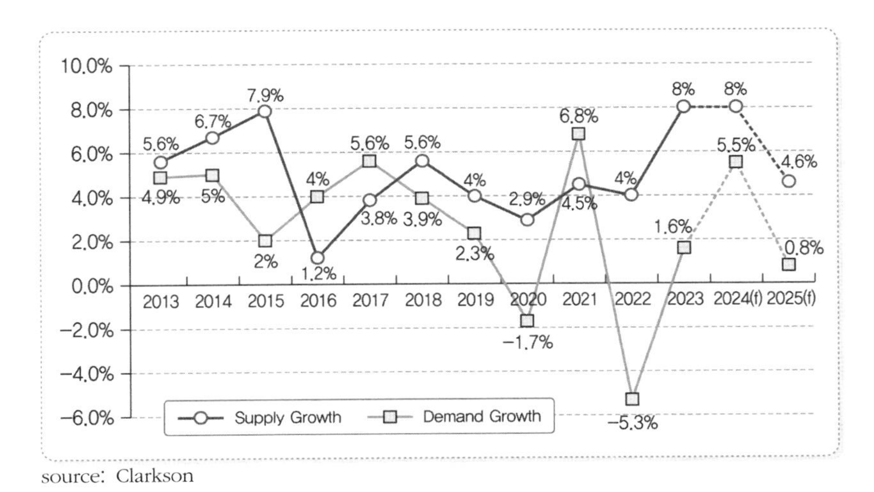

source: Clarkson

세계적 공급망 장애를 일으키는 요인으로 코로나19와 같은 팬데믹으로 인한 주요 항만 처리 능력 저하, 전쟁/테러 등으로 주요 해로 봉쇄 또는 기피, 스트라이크 등 항만 마비, 운하 내 좌초 사고, 가뭄 등으로 인한 운하 기능 마비 등을 들 수 있다.

이러한 공급망 교란은 과거 대부분 일시적인 것으로 교란의 요인이 사라지면 해운 시장의 공수간 메커니즘으로 회귀하는 것이 일반적이나 선박의 초대형화로 세계의 운하, 항만, 철도, 수로 등의 처리 능력이 한계점에 달하여 공급망 문제의 발생 시 완충 역할을 할 곳이 없어 전 지역으로 파급효과가 크다는 점에서 해운업 및 물류업계의 새로운 도전이 될 것이다.

4. 우리나라 해운산업의 과제

코로나19로 인해 70년 컨테이너 산업 역사에 전무후무한 호황을 누린 해운업계는 쓰라린 과거를 되새기며 미래를 준비해야 한다. 현실에 안주하고 미래를 위한 대비를 소홀히 한다면 또 다시 위기 맞을 수 있다.

위에서 살펴본 바와 같이 현재 글로벌 선사들의 최대 공통 관심사는 환경관련 과제(Environmental Issues)와 Alliance 협력을 포함한 독과점 규제와 관련된 제규(Anti Trust related Laws & Regulations)로 볼 수 있다. 또한 각사 내부적으로는 AI 시대에 어떻게 대응하는가에 부심할 것이다.

현실적으로 이러한 문제는 원양 선사인 HMM, SM을 포함하여 중소 선사들도 이러한 흐름과 새로운 환경 변화에 능동적으로 대응해야 할 필요가 있다. 각사가 처한 상황이 다를 수 있겠지만 비중이 큰 HMM을 중심으로 향후 과제를 다음과 같이 정리해 볼 수 있다.

성장 전략(Growth)

2010년대 어려움을 겪었던 HMM은 초대형선을 적기에 건조하고 이를 바탕으로 2019년 The Alliance에 가입함으로써 글로벌 선사 그룹 순위 9위에 재진입하였다. 그 후 코로나 및 최근 후티 반군 사태 등의 공급망 혼란으로 인한 호황으로 초우량기업으로 재탄생하였다.

우선 선복을 현재 780,000teu에서 1,500,000teu로 키운다는 목표를 세운 것은 바람직하나 늘어난 선박을 투입하고 선복을 채우는 일은 건조하는 일에 열 배는 힘든 일로 HMM은 영업 확충에 박차를 가해야 한다. 착실하게 미・구주 시장에서 시장점유율 증대와 동시에 상대적으로 취약한 지중해, 미 동부 시장에 공을 들여야 한다. 그리고 충분한 기반을 쌓은 인도, 중동을 넘어 시장점유율이 상대적으로 낮은 남미, 아프리카로 약진해야만 새로 나올 선복의 투입 여지가 마련된다. 서지중해와 서아프리카 공략은 현재 터미널을 운영 중인 알헤시라스항의 활용을 적극 검토해야 하겠다.

이를 위해 Alliance 멤버들의 협조가 절대적으로 필요한데 환경 문제로 연료 전환을 앞두고 경쟁선사들이 모두 치열하게 미래를 대비하는 시점에서 하시라도 빨리 HMM의 새 주인이 결정되어 Alliance 멤버들과 미래의 그림을 그리는 것이 최선으로 보인다.

미래를 위한 선박에 대한 투자는 향후 20년의 수익력을 좌우하는 중요한 의사결정으로 새 주인이 없는 상태에서 과감히 하기도 꺼림칙하고 안 하자니 뒤처질 것 같은 상황이다. 또한 향후 공급과잉이 예상되고 지난 초대형선 발주 이후 7년 사이 선가는 두 배 정도 상승하였고 더욱이 대체연료 면에서도 뚜렷한 그림이 보이지 않는 현 상황에서 의사 결정을 어렵게 하고 있다.

따라서 미래를 위한 성장 전략을 새 주인이 짜도록 매각 작업을 조속히 재개하여 주인을 찾는 데 매진하는 것이 순리일 것이다.

내부 역량 강화

내부 역량은 다음 3가지 측면에서 강화할 필요가 있다.

1) AI 활용 IT Solution 강화

IT 역량은 대 화주 영역, 내부 관리 영역, 일반 직무 영역으로 나눌 수 있는데 일반 직무 영역에서 Chat GPT 등 AI를 상당 수준 활용하는 단계에 이르러 생산성 향상에 도움이 되었을 것으로 보이나 가장 핵심 영역인 대 화주 영역과 내부 관리 영역은 AI기술의 활용 여지가 많이 있을 것으로 예상된다.

예를 들어 대 화주 영역에서의 Booking과 기기 예측 기법이나 내부관리 영역에서 보다 빠른 항차 수익분석 기법이 AI 기술 활용으로 가능한가를 검토할 필요가 있다. 그리고 내부관리 영역 중 운항 관리, 선박 Stowage Plan 등도 예외일 수 없다. 이미 일부 시행하고 있지만 항해 전 기상 상태를 감안하여 해상안전 및 연료 절감을 위한 최적 항로 설정에 AI Solution을 적극 활용할 필요가 있다. 프랑스 국적 CMA-CGM이 사내에 AI 전담 부서를 두고 AI기술 활용에 박차를 가하고 있는 것은 주목해야 할 움직임이다.

2) 해운 인력 양성

향후 선단이 증가함에 따른 해운 인력 양성을 체계적으로 할 필요성이 있다. 이를 위해 기 일본 선사들이 시행하고 있는 바와 같이 필리핀에 해상 인력 트레이닝 센터를 설립 운영하는 방안도 검토되어야 하겠다.

또한 장기적으로 선단의 증가에 따라 불가피하게 확대되는 남미, 아프리카의 오지 또는 험지에 현지 장기 근무 희망자나 퇴직한 전문가의 파견, 주재원이 현지에서 퇴직한 경우 현지 재고용도 고려해 볼 만하다.

전략적으로 진입해야 할 지역에는 진취적 인턴의 자원 근무를 통해 지역 인재 전문가를 양성하고 추후 주재원 인선 시 우선권을 주는 방법도 세태 변화에 따른 효과적인 인력관리 방법으로 보인다.

3) 해외 터미널 투자

HMM은 미 서안에서 유럽에 이르기까지 요충지에 자영 터미널 내지 지분보유 터미널을 보유하고 있다. 자영 터미널로서 미 서·북안 타코마 터미널, 부산 HPNT 터미널, 카오슝 터미널, 알헤시라스 터미널이 있으며 지분보유 터미널로는 미 서·남안에 2017년 한진 해운 파산 당시 우선협상 대상자였던 MSC로부터 터미널 지분 20% 확보한 롱비치의 TTI 터미널, 싱가포르 PSA와 Joint Venture 회사를 설립하여 확보된 전용 터미널, 과거 네덜란드 로테르담에 APL, MOL, CMA-CGM, Dubai Port와 합작으로 건설한 RWG 전용 터미널이 있다.

그러나 아쉬운 것은 아직 가장 중요한 지역인 미 서·남안에 자영 터미널을 확보 못한 것이다. 과거에는 추진하고 싶어도 돈이 없어 엄두를 못 냈지만 이제 풍부한 유동성으로 시도해 볼 만하다.

2010년경 현대상선이 롱비치 CUT에서 LA로 이전할 때 약속했던 새로운 터미널 건설(A 500)이 환경영향평가 등의 이유로 흐지부지되고 결국 현재와 같이 Maersk Terminal(A 400)을 임차하여 쓰는 것으로 잠정 합의하였으나 당초 LA항만 당국이 현대상선에 대한 약속을 지키지 못한 마음의 빚이 있을 것이다. 비록 시간이 많이 흘렀고 당사자들이 바뀌었지만 아직 청장을 포함 이 내용을 아는 인물이 있어 인내심을 가지고 대화를 이어갈 가치가 있는 일이며 궁극적으로 미 서·남안에 자영 터미널 확보에 모든 가능한 방법을 생각해 볼 때이다.

북극항로의 기회와 도전

– 새로운 해상교역의 중심 –

최수범(고려대학교 해상법연구센터 부소장)

1. 들어가며

최근 국제 해운 환경에서 북극항로가 새로운 교역로로 주목받고 있다. 북극 해빙의 가속화와 기술 발전으로 인해 아시아와 유럽을 잇는 새로운 해상 교역로로서 북극항로가 제안되고 있으며, 이는 물류비 절감과 운송 거리 단축이라는 중요한 대안을 제공한다. 북극항로를 활용한 운송은 기존의 수에즈 운하를 경유하는 경로보다 약 30% 이상 짧아 국제 무역의 효율성을 크게 향상시킬 수 있다. 이러한 변화는 기존의 국제 해상 교역로가 안고 있는 불확실성을 해소하고, 더 나은 물류 환경을 제공할 수 있는 기회로 평가된다.

특히 최근 몇 년간 발생한 글로벌 초크포인트(Choke point) 문제와 다양한 국제 분쟁은 새로운 해상 교역로의 필요성을 부각시켰다. 흑해곡물협정의 붕괴와 수에즈 운하를 둘러싼 불안정한 상황, 그리고 호르무즈 해협의 불확실성 등은 북극항로의 전략적 가치를 재조명하게 만들었다. 이러한 상황에서 러시아, 중국, 한국 등 주요 국가들은 북극항로를 중심으로 새로운 해상 물류 네트워크를 구축하기 위한 노력을 기울이고 있으며, 쇄빙선 도입과 항만 인프라 확충을 통해 북극항로의 활성화를 꾀하고 있다.

---

* <바다, 저자와의 대화> 제5라운드 제163강(2024. 8. 10.)에서 발표함.

그러나 북극항로의 상용화는 단순한 기회로만 존재하지 않는다. 북극 지역의 생태계 보호 문제와 정치적 리스크, 환경적 도전 등은 북극항로의 활성화에 있어 중요한 이슈로 남아 있다. 특히, 급격한 기후 변화로 인한 해빙의 불확실성과 북극권 국가들 간의 갈등은 북극항로의 안전한 이용과 지속 가능한 발전을 위한 국제적 협력이 필요함을 시사하고 있다. 이러한 배경에서 북극항로가 새로운 교역로로서 자리 잡기 위해서는 환경 보호와 정치적 안정, 기술적 발전이 조화를 이루는 것이 필수적이다.

본 글에서는 이러한 배경을 바탕으로 북극항로의 기회와 도전, 그리고 이를 둘러싼 다양한 문제들을 깊이 있게 탐구하고자 한다. 북극항로의 역사적 성공 사례와 전략적 가치, 경제적 가능성, 그리고 우리나라를 포함한 주요 국가들의 정책적 대응을 살펴봄으로써, 북극항로가 새로운 해상 교역의 중심지로 자리 잡기 위해 나아가야 할 방향을 모색할 것이다.

2. 국제 해운의 변화와 북극항로의 부상

국제 해운은 전통적으로 수에즈 운하와 호르무즈 해협과 같은 주요 해상 경로에 의존해 왔다. 그러나 최근 몇 년간 국제 정세의 변화와 자연재해, 그리고 기후 변화로 인한 영향은 이러한 기존 교역로의 불확실성을 증가시키고 있다. 2021년 수에즈 운하에서 발생한 대형 컨테이너선 좌초 사건은 이러한 불확실성을 여실히 보여준 대표적인 사례였다. 이 사건은 수천 척의 선박을 멈추게 했으며, 글로벌 해운과 물류에 엄청난 경제적 손실을 야기했다. 또한, 호르무즈 해협은 중동 지역의 정치적 불안정성과 해상 안전 문제로 인해 항상 잠재적 리스크가 존재한다.

이러한 불확실성 속에서 북극항로가 새로운 해상 교역로로 부상하고 있다. 북극의 해빙이 가속화되면서, 북극항로를 통한 아시아와 유럽 간의 운송은 보다 짧은 시간 안에 이루어질 수 있게 되었다. 기존의 수에즈 운하를 통과하는 경로보다 약 30% 이상 운송 거리가 짧아지며, 이는 물류비용 절감과 시간 단축의 효과를 가져올 수 있다. 특히 최근 몇 년간 러시아와 중국을 포함한 주요 국가들이 북극항로의 가능성에 주목하며, 다양한 시범 운항과 물동량 증가를 추진하고 있다.

2018년, 세계적인 해운사 머스크(Maersk)는 세계 최초로 북극항로를 이용한 컨테이너선 항해에 성공했다. 이 항해는 단순한 실험적 항해를 넘어, 북극항로의 상업적 가능성을 보여준 대표적인 운항 사례로 평가받고 있다. 이후 북극항로를 통한 운송은 계속해서 증가하고 있으며, 주요 해운사들은 북극항로를 활용한 새로운 물류 전략을 모색하고 있다. 특히, 북극항로를 통한 운송은 수에즈 운하를 통한 경로와 비교할 때 해상운송의 효율성을 크게 향상시킬 수 있다는 장점이 있다.

그러나 북극항로의 활성화에는 몇 가지 해결해야 할 과제가 남아 있다. 첫째, 북극의 해빙은 점진적으로 줄어들고 있지만, 여전히 항해를 위한 안정적인 선박운항 환경이 보장되기에는 부족한 점이 있다. 이를 보완하기 위해 북극해 쇄빙선의 운용이 필수적이며, 러시아를 비롯한 북극권 국가들은 다양한 종류의 쇄빙선을 운영하고 있다. 둘째, 북극 지역의 정치적 안정과 국제 협력이 중요하다. 북극해는 국제적인 해양법과 다수의 이해관계가 얽혀 있는 지역으로, 북극권 국가들 간의 협력과 조정이 필수적이다.

이러한 점에서 북극항로의 부상은 단순한 새로운 교역로의 출현이 아니라, 글로벌 해운의 새로운 패러다임을 의미한다. 기존의 교역로와 차별화된 북극항로의 등장은 해운업계뿐만 아니라 국제사회에도 많은 변화를 가져오고 있으며, 이에 대한 관심과 논의는 앞으로도 계속될 것이다.

3. 북극항로의 역사적 성공과 잠재력

북극항로는 오랜 시간 동안 새로운 해상 교역로로서 잠재력이 논의되었지만, 실제 상용화까지는 여러 도전 과제를 극복해야 했다. 그럼에도 불구하고 최근 몇 년간의 성공적인 항해 사례들은 북극항로의 상업적 가능성을 크게 확장시켰다. 특히, 2018년 세계 최대 해운사 중 하나인 머스크(Maersk)의 첫 북극항로 항해는 중요한 전환점으로 기록되었다. 머스크해운은 '벤타 머스크'(Venta Maersk)라는 이름의 컨테이너선을 북극항로를 통해 운항하는 데 성공하면서, 이 항로의 현실적인 가능성을 입증했다.

이 성공 이후, 다양한 해운사들은 북극항로를 새로운 교역로로 검토하기 시작했다. 북극항로를 통해 아시아와 유럽을 잇는 운송 경로는 기존의 수에즈 운하를 경유하는 경로보다 약 30% 이상 운송 시간이 단축되며, 이는 물류비 절감과 연료 소비의 감소를 의미한다. 이러한 운송 효율성은 국제 해운업계에 새로운 가능성을 열어주었으며, 북극항로의 활용도가 높아질 수 있는 기반이 되었다. 실제로 북극항로를 통한 연간 물동량은 2010년대 이후 지속적으로 증가해오고 있으며, 2024년에는 약 8,000만 톤에 이를 것으로 예상하였다.

뿐만 아니라, 북극항로의 잠재력은 단순히 운송 시간 단축에만 있는 것이 아니다. 북극 지역의 해빙 감소와 기후 변화로 인해 접근 가능성이 높아짐에 따라, 이 항로를 통해 자원 개발 및 운송이 가능한 새로운 경제적 기회도 열리고 있다. 특히, 북극해에는 풍부한 석유와 천연가스 자원이 매장되어 있으며, 이러한 자원들은 북극항로를 통한 효과적인 운송을 통해 국제 시장에 유통될 수 있다. 이는 러시아와 같은 북극권 국가들에게 큰 경제적 이익을 제공할 수 있으며, 향후 북극항로의 전략적 중요성을 더욱 높여줄 것이다.

4. 북극항로의 전략적 가치와 글로벌 초크포인트

북극항로는 단순한 새로운 해상 교역로의 출현이 아니라, 글로벌 물류 네트워크에서 전략적인 핵심가치를 지니고 있다. 특히 최근 몇 년간 수에즈 운하와 호르무즈 해협과 같은 기존 주요 해상 교역로가 정치적 갈등과 자연 재해로 인해 불안정한 모습을 보이면서, 북극항로의 대안적 역할이 더욱 강조되고 있다. 이러한 기존 교역로는 '초크포인트(Chokepoint)'로 불리며, 세계 해상 교역에서 필수적인 항로이자 동시에 교통의 병목현상을 일으킬 수 있는 잠재적 위험 요소로 작용하고 있다.

초크포인트의 가장 대표적인 사례로는 수에즈 운하를 들 수 있다. 2021년 초, 대형 컨테이너선 '에버 기븐(Ever Given)'호의 좌초 사건은 전 세계 물류망에 커다란 충격을 주었다. 이 사건으로 인해 수에즈 운하를 통과하지 못한 수천 척의 선박들이 막대한 손실을 입었으며, 전 세계 경제에 미치는 파급 효과가 컸다. 이러한 사건은 기존의 주요 교역로가 가진 취약성을 여실히 드러내며, 새로운 대체 경로의 필요성을 재조명하게 되었다.

또 다른 초크포인트인 호르무즈 해협 역시 중동의 불안정한 정치적 상황과 해상 안전 문제로 인해 항상 잠재적 리스크가 존재한다. 이 해협은 전 세계 석유 수송의 약 20%, 천연가스의 약 30%가 통과하는 중요한 경로로, 해협의 통행이 차단될 경우 전 세계 에너지 공급에 큰 영향을 미칠 수 있다. 이러한 리스크는 국제 해운업계와 물류 기업들이 안정적이고 안전한 대체 경로를 찾도록 유도하고 있으며, 북극항로는 이러한 배경에서 주목받기 시작했다.

북극항로는 이러한 초크포인트의 불안정성을 완화할 수 있는 중요한 대안으로 여겨진다. 북극의 해빙으로 인해 북극해를 통과하는 경로가 열리면서, 아시아와 유럽을 잇는 새로운 교역로로서 북극항로의 전략적 가치가 크게 부각되고 있다. 기존의 수에즈 운하를 통과하는 항로보다 약 30% 이상의 운송 시간 단축이 가능하다는 점은 물류비 절감과 연료 소비 감소의 효과를 기대할 수 있게 한다. 또한, 북극항로의 활용이 증가하면서 새로운 교역로를 통한 국제 물류망의 다변화가 가능해지고 있다.

러시아는 이러한 북극항로의 전략적 가치를 일찌감치 인지하고, 이를 적극적으로 활용하기 위해 다양한 정책을 추진하고 있다. 러시아는 세계에서 가장 많은 핵추진 쇄빙선을 보유하고 있으며, 이를 통해 북극해의 혹독한 환경에서도 안정적인 항해가 가능하도록 하고 있다. 이와 더불어, 러시아는 북극항로의 주요 항만 인프라를 확충하고, 항로의 상업적 이용을 확대하기 위해 다양한 노력을 기울이고 있다. 특히, 러시아의 북극 정책은 단순한 교역로 개척을 넘어, 자원 개발과 군사적 전략적 목표를 아우르고 있다.

북극항로의 전략적 가치는 단순한 교역로의 변화에 국한되지 않는다. 북극해는 풍부한 자원과 새로운 경제적 기회를 제공하는 지역으로, 에너지 자원 및 광물 개발의 가능성이 활짝 열리고 있다. 특히, 북극해의 천연가스와 석유 자원은 향후 세계 에너지 시장에 큰 영향을 미칠 수 있으며, 북극항로를 통한 자원 운송이 가능해지면서 러시아와 같은 북극권 국가들의 경제적 이익도 더욱 확대될 것이다. 이러한 자원 개발과 운송의 결합은 북극항로의 전략적 가치를 더욱더 높이고 있다.

5. 북극항로의 경제적 가치와 물동량 증가

북극항로는 경제적 측면에서 매우 중요한 잠재력을 지니고 있다. 이 항로의 가장 큰 장점 중 하나는 기존의 수에즈 운하를 경유하는 경로보다 약 30% 이상 운송 거리를 단축할 수 있다는 점이다. 이는 물류비용 절감과 연료 소비 감소를 가져와 해운사와 물류 기업들에 상당한 경제적 이익을 제공한다. 또한, 북극항로는 아시아와 유럽을 잇는 새로운 교역로로서 전 세계 해운업계에 새로운 선택지를 제공하고 있다.

특히 최근 몇 년간 북극항로를 이용한 물동량이 빠르게 증가하고 있다는 점은 이 항로의 상업적 가치를 입증하는 중요한 지표이다. 러시아의 북극항로 관리 기관에 따르면, 2011년부터 2023년까지 북극항로를 통한 물동량은 꾸준히 증가해 왔으며, 2023년에는 약 3,625만 톤에 달했다. 이러한 성장세는 2024년에도 이어질 것으로 보이며, 약 8,000만 톤 이상의 물동량을 기록할 것으로 전망하였다. 이는 북극항로가 단순한 대체 해상교역로가 아닌, 실질적인 상업 경로로 자리 잡아가고 있음을 여실히 보여준다.

북극항로의 물동량 증가는 여러 가지 요인에 기인한다. 첫째, 북극 지역의 해빙이 빠르게 진행되면서 항로 이용 가능 기간이 점차 길어지고 있다. 과거에는 여름철에만 잠시 열렸던 이 경로가 이제는 봄부터 가을까지 사용할 수 있는 수준으로 확대되었다. 이는 해운사들이 더 많은 화물을 북극항로를 통해 운송할 수 있는 기회를 제공하며, 연간 물동량의 증가로 이어지고 있다. 둘째, 러시아의 적극적인 정책적 지원과 북극 인프라 확충 노력도 북극항로의 물동량 증가에 기여하고 있다. 러시아는 북극항로의 상업적 활용을 확대하기 위해 항만 시설을 개선하고, 쇄빙선 운영을 강화하고 있다.

특히, 최근에는 북극항로를 통한 대형 벌크선과 유조선의 운송도 성공적으로 이루어지면서 이 항로의 활용도가 더욱 높아지고 있다. 예를 들어, 2023년 북극항로를 통과한 역사상 첫 비빙급 케이프사이즈 벌크선의 항해는 큰 주목을 받았다. 이 사례는 북극항로의 상업적 가능성을 다시 한번 확인시켜 주었으며, 이후 많은 해운사들이 북극항로를 고려하게 되는 계기가 되었다. 이러한 성공 사례들은 북극항로의 경제적 가치를 한층 더 높이고 있다.

또한, 북극항로의 경제적 가치는 자원 운송의 측면에서도 두드러진다. 북극해는 천연가스, 석유, 광물 등의 풍부한 자원을 보유하고 있으며, 이 자원들을 효율적으로 운송하기 위한 경로로서 북극항로의 중요성이 커지고 있다. 특히 러시아는 북극항로를 활용해 중국을 비롯한 아시아 국가들로 자원을 수출하는 방안을 적극적으로 추진하고 있으며, 이를 통해 경제적 이익을 극대화하고자 한다. 이러한 자원 운송의 활성화는 북극항로의 물동량 증가를 더욱 가속화할 것이다.

그러나 북극항로의 경제적 가치를 실현하기 위해서는 해결해야 할 과제들도 존재한다. 우선, 북극의 극한 환경에서 안전한 항해를 보장하기 위한 기술적 지원과 쇄빙선 운영이 필수적이다. 또한, 북극항로를 둘러싼 정치적 갈등과 국제적 이해관계도 고려해야 한다. 러시아를 비롯한 북극권 국가들은 북극항로를 중심으로 자국의 전략적 이익을 보호하고자 하며, 이러한 경쟁 속에서 북극항로의 안정적 운영을 위한 국제적 협력이 필요하다.

북극항로는 경제적 가치와 상업적 잠재력을 지닌 새로운 해상 교역로로 부상하고 있다. 물동량의 지속적인 증가는 이 경로의 중요성을 확인시켜 주고 있으며, 자원 운송을 포함한 다양한 경제적 기회를 제공하고 있다. 앞으로 북극항로의 활성화를 위해서는 기술적 지원과 정치적 협력이 지속적으로 이루어져야 하며, 이를 통해 글로벌 해운업계와 물류 네트워크에 새로운 변화를 가져올 것이다.

6. 쇄빙선 기술과 인프라 발전

북극항로의 상업적 활성화와 안정적인 운영을 위해서는 쇄빙선 기술과 북극 항만 인프라의 발전이 필수적이다. 북극 지역의 혹독한 자연환경 속에서 안전한 항해를 보장하려면, 북극 항해 전용 선박과 극지 관련 기술의 적용이 필수적이기 때문이다. 특히, 얼음이 두껍게 얼어 있는 북극해에서는 쇄빙선의 역할이 매우 중요하다. 쇄빙선은 두꺼운 얼음을 깨면서 선박이 안전하게 통과할 수 있는 길을 만들어주며, 이러한 기술적 발전이 북극항로의 상업적 성공을 뒷받침하는 핵심 요소로 작용하고 있다.

현재 북극항로의 활성화를 주도하는 나라는 러시아이다. 러시아는 세계에서 가장 많은 핵추진 쇄빙선을 보유하고 있으며, 이를 통해 북극해의 항로를 적극적으로 개척하고 있다. 러시아의 쇄빙선은 주로 60MW급의 대형 쇄빙선으로, 평균적으로 2미터 이상의 두꺼운 얼음을 깨면서 항해가 가능하다. 이러한 대형 쇄빙선은 북극항로의 안정적인 운영을 보장하는 중요한 역할을 하고 있다. 대표적으로, 러시아는 '아르크티카(Arktika)'급 쇄빙선을 통해 북극항로의 항해를 지원하고 있으며, 지속적으로 새로운 쇄빙선을 건조하여 북극항로의 통항 능력을 확장하고 있다.

또한, 러시아는 새로운 쇄빙선 기술 개발에도 집중하고 있다. 최근에는 120MW급 초대형 쇄빙선을 개발하고 있으며, 이는 기존의 쇄빙선보다 더 두꺼운 얼음을 깨고 더 넓은 항로를 확보할 수 있는 성능을 지니고 있다. 이처럼 러시아의 쇄빙선 기술 발전은 북극항로의 활성화와 함께 러시아의 북극 정책을 뒷받침하는 중요한 기반이 되고 있다. 이는 러시아가 북극해의 주도권을 잡기 위한 전략적 의도로 해석될 수 있다.

러시아 외에도 다른 북극권 국가들도 쇄빙선 기술 개발에 관심을 기울이고 있다. 캐나다, 핀란드, 스웨덴 등은 자국의 북극 전략에 따라 새로운 쇄빙선 개발과 기술 향상에 투자하고 있으며, 이러한 움직임은 북극해의 안전한 항해와 국제 협력에 기여하고 있다. 특히 핀란드는 북극권 국가들 중에서도 쇄빙선 설계와 건조 기술이 발달한 나라로, 여러 국가의 쇄빙선 건조를 지원하고 있다.

한편, 북극항로의 안정적 운영을 위해서는 쇄빙선 기술뿐만 아니라 항만 인프라의 발전도 중요한 요소로 작용한다. 북극해의 혹독한 환경에서는 안정적인 항만 시설이 필수적이다. 러시아는 이를 위해 북극항로를 따라 다양한 항만 인프라를 확충하고 있으며, 무르만스크 항과 같은 주요 항구를 전략적으로 발전시키고 있다. 이러한 항만 인프라는 단순한 물류 거점의 역할을 넘어서, 연료 보급과 수리, 긴급 상황 발생 시 대피 등의 기능을 담당하고 있다. 특히, 북극항로의 물동량이 증가하면서 항만 인프라의 중요성은 더욱 커지고 있다.

우리나라도 역시 북극항로의 활용을 위해 인프라 발전에 관심을 기울이고 있다. 우리 정부와 해운사들은 북극항로의 시범 운항과 함께 친환경 쇄빙선 기술 개발에 박차를 가하고 있다. 이는 북극항로를 활용한 물류망 확장과 함께 북극해의 환경 보호를 고려한 전략으로, 한국의 해운 산업이 북극항로를 적극적으로 활용할 수 있는 기반을 마련하는 데 기여하고 있다. 또한, 부산항을 북극항로의 거점으로 발전시키기 위한 계획도 구상되고 있으며, 이는 한국이 북극항로의 국제 물류 네트워크에 적극적으로 참여하고자 하는 의지를 보여준다.

쇄빙선 기술과 항만 인프라의 발전은 북극항로의 상업적 성공과 안정적 운영을 위한 핵심 요소이다. 러시아를 비롯한 북극권 국가들은 이러한 기술적 기반을 바탕으로 북극항로를 활성화하고 있으며, 이는 북극해의 전략적 중요성을 더욱 높이는 결과로 이어지고 있다. 앞으로도 북극항로의 활성화를 위해서는 쇄빙선 기술의 지속적인 발전과 국제적 협력을 통한 항만 인프라 강화가 필수적일 것이다.

7. 북극항로의 상용화와 환경적 도전

북극항로의 상용화가 점차 가시화되면서 경제적 기회와 함께 환경적 도전이 부각되고 있다. 북극항로는 기존의 수에즈 운하를 경유하는 경로보다 약 30% 이상의 운송 거리 단축을 가능하게 하며, 이는 해운사와 물류 기업에게 상당한 경제적 이익을 제공할 수 있다. 하지만 이 경로의 상용화는 북극의 민감한 생태계에 심각한 영향을 미칠 수 있다는 우려도 함께 수반된다. 북극해는 기후 변화로 인해 해빙이 줄어들고 있으며, 이는 항해 가능 기간을 늘려주지만 동시에 북극 생태계의 취약성을 드러내고 있다.

첫 번째로, 북극항로의 상용화는 북극 지역의 온난화를 가속화할 위험이 있다. 해빙이 녹으면서 새로운 항로가 열리게 되지만, 이러한 해빙의 감소는 전 세계 기후 변화에 큰 영향을 미치는 요소로 작용할 수 있다. 해빙이 줄어들면 햇빛이 바다에 직접 흡수되는 비율이 증가해 해수 온도를 높이게 되며, 이는 다시 해빙의 감소로 이어지는 악순환을 초래할 수 있다. 이러한 환경적 변화는 북극 생태계에 서식하는 동식물의 서식지를 위협할 뿐만 아니라, 전 세계의 기후 변화에도 중요한 영향을 미친다.

두 번째로, 북극항로를 통한 선박 통항 증가로 인한 오염 문제가 제기되고 있다. 북극 지역은 기존의 항로에 비해 환경적 보호가 덜 이루어져 있으며, 기름 유출이나 사고 시 북극의 민감한 생태계가 큰 타격을 받을 가능성이 크다. 또한, 선박에서 배출되는 탄소와 대기 오염 물질은 북극의 기후에 악영향을 미칠 수 있다. 북극의 극한 환경에서는 오염물질이 쉽게 분해되지 않아, 오염이 누적될 경우 북극의 환경과 생태계에 장기적인 피해를 줄 수 있다.

세 번째로, 중유 사용에 대한 문제도 환경적 도전의 주요 요인으로 꼽힌다. 많은 상업 선박은 여전히 중유를 연료로 사용하고 있으며, 이는 북극해의 오염을 가중시킬 위험이 있다. 이에 따라 북극항로의 상용화가 이루어지기 위해서는 보다 친환경적인 연료 사용과 엄격한 환경 규제가 필요하다. 북극권 국가들은 중유 사용에 대한 규제를 강화하고 있으며, 일부 국가는 중유 사용 금지를 이미 시행하고 있다. 하지만 북극해의 대부분 지역에서는 여전히 이러한 규제가 미흡한 상태이다.

북극항로의 상용화와 관련된 환경적 도전은 국제적인 협력 없이는 해결하기 어렵다. 북극 이사회와 같은 국제기구는 북극 지역의 환경 보호를 위해 여러 가지 규제를 제정하고 있으며, 북극권 국가들은 이러한 규제에 맞춰 다양한 정책을 시행하고 있다. 예를 들어, 북극 이사회는 북극해에서의 오염 방지를 위한 '북극해 해양 환경 보호 협정(Arctic Marine Pollution Agreement)'을 통해, 북극해에서의 해양 오염 방지 노력을 기울이고 있다. 이러한 국제적 노력에도 불구하고, 북극항로의 상용화가 가속화됨에 따라 보다 강화된 규제와 새로운 기술적 접근이 요구되고 있다.

한국 또한 이러한 환경적 도전에 대응하기 위해 친환경 쇄빙선 기술 개발에 힘쓰고 있다. 한국은 북극항로의 활용을 위해 저탄소 및 친환경 선박 개발을 추진하고 있으며, 이러한 기술은 북극항로에서의 환경오염을 줄이는 데 기여할 것으로 기대된다. 특히, 한국 해운사들은 LNG를 연료로 사용하는 친환경 선박을 북극항로에 투입함으로써, 중유 사용으로 인한 오염을 줄이는 노력을 기울이고 있다.

결론적으로, 북극항로의 상용화는 경제적 기회를 제공하는 동시에 환경적 도전 과제도 함께 동반하고 있다. 북극의 민감한 생태계를 보호하고 기후 변화에 미치는 영향을 최소화하기 위해서는, 각국의 정부와 해운사들이 보다 엄격한 환경 규제를 준수하고 친환경 기술 개발에 박차를 가해야 할 것이다. 또한, 국제사회는 북극의 생태계 보호를 위한 협력 체계를 강화하고, 지속 가능한 북극항로의 운영 방안을 모색해야 할 것이다. 이러한 노력이 이루어질 때, 북극항로는 경제적 이익과 환경 보호가 조화를 이루는 새로운 해상 교역로로 자리 잡을 수 있을 것이다.

8. 국제사회의 북극 정책과 대응 전략

북극항로가 점차 상용화되면서 국제사회는 북극 지역을 둘러싼 다양한 정책과 전략을 마련하고 있다. 북극은 기후 변화와 해빙 감소로 인해 새로운 경제적 기회가 열리고 있지만, 동시에 그로 인한 정치적, 환경적 도전 과제가 존재한다. 이에 따라 여러 국가들은 북극의 전략적 중요성을 인식하고, 자국의 이익을 극대화하면서도 지속 가능한 발전을 위해 다양한 대응 전략을 수립하고 있다.

북극을 둘러싼 가장 중요한 협력 기구는 북극 이사회(Arctic Council)이다. 북극 이사회는 북극권 8개국(미국, 러시아, 캐나다, 덴마크, 노르웨이, 핀란드, 스웨덴, 아이슬란드)과 13개 영구 옵저버국으로 구성된 국제기구로, 북극 지역의 지속 가능한 발전과 환경 보호를 위한 논의를 주도하고 있다. 북극 이사회는 북극 지역의 해양 환경 보호, 생태계 보존, 지속 가능한 경제 개발, 원주민 권리 보호 등을 주요 목표로 삼고 있으며, 다양한 다자간 협정을 통해 이를 실현하려 하고 있다.

러시아는 북극 정책에서 가장 적극적인 국가 중 하나로, 북극항로를 국가 전략의 핵심으로 삼고 있다. 러시아는 북극항로의 상업적 활성화를 위해 쇄빙선 기술과 항만 인프라를 확충하며, 북극해의 자원 개발을 적극 추진하고 있다. 특히, 러시아의 북극 전략은 북극항로를 통해 아시아와 유럽을 연결하는 경제적 이익을 극대화하는 데 중점을 두고 있다. 또한, 북극해의 자원 개발과 이를 운송할 수 있는 북극항로의 중요성을 인식하고, 군사적 방어력을 강화하며 북극에서의 주도권을 유지하려는 움직임도 보이고 있다.

중국 역시 북극에 대한 관심을 높이고 있으며, 자국의 전략적 목표를 반영한 '근(近) 북극 국가'라는 정책을 통해 북극 진출을 본격화하고 있다. 중국은 북극항로를 자국의 '빙상 실크로드'로 명명하며, 해양 자원 개발과 북극해를 통한 물류 네트워크 확대에 집중하고 있다. 또한, 중국은 북극 이사회에 영구 옵저버로 참여하며, 북극 지역에서의 영향력을 확대하고자 하고 있다. 이러한 중국의 정책은 러시아와의 협력을 통해 북극항로를 주요 경제 회랑으로 발전시키는 데 기여하고 있다.

미국은 북극 이사회 창립 멤버로서 북극에서의 리더십을 유지하고자 하지만, 러시아와 중국의 북극 정책에 대한 경계심을 가지고 있다. 미국의 북극 정책은 주로 북극 지역의 안보 강화와 자원 개발에 초점을 맞추고 있으며, 최근에는 북극에서의 군사적 존재감을 확대하고 있다. 미국은 북극 지역에서의 기후 변화 대응과 환경 보호에도 주력하고 있으며, 이를 위해 국제사회와의 협력을 강화하려는 움직임을 보이고 있다.

한국은 북극 이사회의 영구 옵저버국으로서, 북극에서의 역할을 확대하기 위해 다양한 정책을 추진하고 있다. 한국 정부는 '북극정책 기본계획'을 통해 북극의 환경 보호와 함께 경제적 이익을 추구하는 전략을 수립하고 있으며, 해운사들과 협력하여 북극항로의 시범 운항과 관련 기술 개발을 적극 추진하고 있다. 또한, 한국은 친환경 쇄빙선 기술 개발과 북극항로 거점 항만 조성을 통해 북극 물류망의 주요 국가로 자리매김하려는 계획을 가지고 있다.

그러나 북극항로와 관련한 국제사회의 정책과 전략은 단순한 경제적 이익을 넘어서 환경적, 정치적 문제와 밀접하게 연결되어 있다. 북극 지역의 생태계 보호와 기후 변화 대응은 각국의 경제적 이익과 충돌할 수 있으며, 이에 대한 조정과 협력이 중요하다. 북극 이사회는 이를 위해 다양한 규제를 마련하고 있으며, 각국은 이러한 국제적 규제를 준수하면서 자국의 정책을 조율해야 한다.

국제사회는 북극항로의 상용화와 더불어 북극 지역의 지속 가능한 발전을 위해 다양한 정책과 대응 전략을 마련하고 있다. 각국은 자국의 전략적 이익을 고려하면서도 국제사회와의 협력을 강화하여 북극 지역에서의 주도권을 확립하고자 한다. 앞으로 북극항로의 발전과 북극 지역의 변화가 지속됨에 따라, 국제사회의 정책과 전략도 이에 맞춰 지속적으로 변화할 것으로 예상된다.

9. 한국의 북극 진출과 미래 전략

한국은 북극이 제공하는 경제적, 전략적 기회를 인식하고, 적극적으로 북극 진출을 모색하고 있다. 북극항로의 활용과 북극 자원 개발은 한국의 해운 및 물류 산업뿐만 아니라, 에너지 및 환경 정책에서도 중요한 부분을 차지하고 있다. 이를 위해 한국 정부는 북극 정책의 방향성을 명확히 설정하고, 다양한 이해관계자들과의 협력을 통해 지속 가능한 북극 진출 전략을 마련하고 있다.

먼저, 한국은 2013년 북극 이사회(Arctic Council)의 영구 옵저버국 지위를 획득하면서 북극에서의 역할을 확대했다. 북극 이사회는 북극권 8개국을 중심으로 북극의 지속 가능한 발전과 환경 보호를 목표로 하는 국제기구로, 한국의 옵저버 지위 획득은 북극 문제에 대한 관심과 참여를 국제적으로 인정받은 중요한 성과였다. 이를 계기로 한국은 북극 관련 연구와 정책 개발을 본격화하였으며, 북극 이사회 활동을 통해 북극권 국가들과의 협력을 강화하고 있다.

한국 정부는 '북극정책 기본계획'을 통해 북극 진출의 전략적 방향을 제시하고 있다. 이 계획은 크게 네 가지 목표를 가지고 있다. 첫째, 북극 환경 보호와 지속 가능한 발전을 위한 국제적 협력 강화이다. 한국은 북극의 민감한 생태계를 보호하기 위해 국제적 규제를 준수하며, 동시에 기후 변화에 대응하는 방안을 모색하고 있다. 둘째, 북극항로의 활용과 물류망 확장이다. 북극항로는 아시아와 유럽을 연결하는 중요한 경로로, 한국의 해운 산업에 새로운 기회를 제공할 수 있다. 이를 위해 한국은 북극항로의 시범 운항을 지속적으로 추진하고 있으며, 부산항을 북극항로의 거점 항만으로 발전시키기 위한 계획을 구상하고 있다.

셋째, 친환경 쇄빙선 기술 개발이다. 북극항로의 안전한 항해를 위해서는 쇄빙선이 필수적이며, 한국은 이에 대한 기술 개발에 힘쓰고 있다. 특히, 저탄소 및 친환경 선박 개발을 통해 북극항로에서의 오염을 줄이고, 지속 가능한 물류 환경을 조성하려는 노력을 기울이고 있다. 넷째, 북극 자원 개발과 에너지 안보 강화이다. 북극해는 풍부한 천연가스와 석유 자원을 보유하고 있으며, 이러한 자원들은 한국의 에너지 수급 안정성에 중요한 역할을 할 수 있다. 한국은 북극 자원 개발을 위해 북극권 국가들과의 협력을 강화하고 있으며, 특히 러시아와의 에너지 협력에 중점을 두고 있다.

한국의 북극 진출 전략에서 중요한 요소는 북극 연구와 인재 양성이다. 한국은 극지연구소(KOPRI)를 중심으로 북극 연구를 활발히 진행하고 있으며, 북극 해양 생태계, 기후 변화, 자원 개발 등 다양한 분야에서 연구를 수행하고 있다. 이러한 연구 성과는 북극 정책의 과학적 근거를 마련하고, 북극 진출 전략의 효과적인 실행을 지원한다. 또한, 국립인천대학교북방물류교육협력 및 인력양성사업단

(최수범 부단장)은 세계 최초로 북극원주민을 대상으로 하는 북극 고급 전문가 양성 프로그램을 2021년부터 5년째 운영하여, 미래의 북극 진출을 위한 친한파 글로벌 북극 인재 양성에도 힘쓰고 있다.

북극 진출을 위한 한국의 전략적 목표는 단기적인 경제적 이익뿐만 아니라, 장기적인 환경 보호와 지속 가능한 발전을 고려하고 있다. 이를 위해 한국은 북극권 국가들과의 협력을 강화하고, 국제사회와의 공조를 통해 북극의 안정적이고 지속 가능한 발전을 도모하고 있다. 특히, 북극항로를 활용한 물류 네트워크 확장은 한국의 해운 산업에 새로운 활로를 제공할 뿐만 아니라, 글로벌 물류망에서의 전략적 위치를 강화하는 데 기여할 것이다.

한국은 북극 이사회 영구 옵저버국으로서, 북극에서의 역할을 확대하고 있다. 북극 정책 기본계획을 통해 환경 보호, 북극항로 활용, 쇄빙선 기술 개발, 자원 개발 등 다양한 분야에서의 목표를 설정하고 있으며, 이를 바탕으로 북극에서의 지속 가능한 발전을 추구하고 있다. 앞으로 한국의 북극 진출 전략은 국제사회와의 협력 강화와 함께, 환경 보호와 경제적 기회를 동시에 고려하는 방향으로 지속적으로 발전할 것이다.

10. 북극항로와 한국의 산업적 기회

북극항로는 한국에게 새로운 산업적 기회를 제공하는 중요한 전략적 경로로 부상하고 있다. 북극항로의 활용은 기존의 수에즈 운하를 경유하는 해상 교역로보다 운송 거리와 시간을 단축시켜 글로벌 물류비용을 절감할 수 있으며, 이는 한국의 해운 및 물류 산업에 큰 영향을 미칠 수 있다. 특히, 한국은 아시아와 유럽을 잇는 물류 거점으로서 지리적 이점을 가지고 있으며, 이를 바탕으로 북극항로의 상업적 활용을 적극적으로 모색하고 있다.

첫 번째 산업적 기회는 북극항로를 통한 해운 및 물류 산업의 확장이다. 현재 전 세계 물동량의 대부분은 기존의 수에즈 운하를 통해 아시아와 유럽을 연결하고 있다. 그러나 최근 수에즈 운하의 교통 정체와 같은 사건들은 새로운 대체 경로의 필요성을 부각시키고 있다. 북극항로는 기존의 경로보다 약 30% 이상 운송 시간을 단축할 수 있으며, 이는 우리 해운사들에게 물류비 절감과 연료 소비 감소라는 경제적 이점을 제공한다. 한국의 주요 해운사들은 북극항로의 가능성을 염두에 두고, 시범 운항과 신규 항로 개발을 검토하고 있다.

두 번째로, 북극항로의 활성화는 조선업과 선박 기술 개발에 새로운 기회를 제공한다. 북극해의 극한 환경에서 안정적으로 운항하기 위해서는 쇄빙선과 같은 특수 선박이 필수적이다. 한국은 이미 전 세계적인 조선업 강국으로 자리 잡고 있으며, 이를 바탕으로 쇄빙선과 같은 특수 선박 건조 기술을 발전시킬 수 있는 기회를 가지고 있다. 특히, 한국의 조선사들은 북극항로의 상업화에 발맞추어 친환경 쇄빙선 및 고효율 선박 기술을 개발하고 있으며, 이는 한국 조선업의 경쟁력을 한층 강화할 수 있다.

세 번째로, 북극항로는 자원 운송과 관련된 새로운 산업적 기회를 제공한다. 북극해에는 풍부한 천연가스와 석유 자원이 매장되어 있으며, 이러한 자원들은 북극항로를 통해 아시아와 유럽 시장으로 효율적으로 운송될 수 있다. 한국은 에너지 수입 의존도가 높은 국가로서, 북극 지역의 자원 개발과 운송에서 중요한 역할을 할 수 있다. 특히, 한국의 에너지 기업들은 북극해에서 생산된 천연가스와 석유를 운송하고 활용할 수 있는 방안을 모색하고 있으며, 이를 통해 에너지 안보를 강화하고 경제적 이익을 얻을 수 있다.

네 번째로, 한국은 북극항로의 거점 항만을 발전시켜 물류 허브로서의 위치를 강화할 수 있다. 부산항은 아시아-유럽 물류의 중심지로서 중요한 역할을 하고 있으며, 북극항로가 활성화될 경우 부산항의 전략적 중요성은 더욱 커질 것이다. 이를 위해 한국은 북극항로와 연계된 물류 인프라 확충과 항만 시설 개선을 추진하고 있으며, 이는 한국이 북극항로를 활용한 국제 물류 네트워크의 주요 국가로 자리매김하는 데 기여할 것이다.

마지막으로, 북극항로의 활용은 한국의 친환경 기술 개발과 해양 환경 보호 분야에서도 중요한 기회를 제공한다. 북극항로의 상용화는 환경적 도전을 동반하며, 이를 해결하기 위한 기술적 접근이 필요하다. 한국은 저탄소 및 친환경 선박 기술을 개발하고 있으며, 이는 북극해의 민감한 환경을 보호하면서도 경제적 기회를 창출할 수 있는 기반이 된다. 특히, 한국은 LNG를 연료로 사용하는 친환경 선박을 개발하여, 북극항로에서의 오염을 줄이는 데 기여하고 있다.

북극항로는 한국에게 해운 및 물류 산업의 확장, 조선업의 발전, 자원 운송, 물류 거점 항만 발전, 친환경 기술 개발 등 다양한 산업적 기회를 제공하고 있다. 한국은 이러한 기회를 최대한 활용하기 위해 북극항로의 상업적 가능성을 모색하고, 관련 기술 개발과 인프라 확충에 적극 나서야 할 것이다. 앞으로 북극항로의 발전과 함께 한국의 해운 및 물류 산업이 더욱 성장하고, 글로벌 물류 네트워크에서의 전략적 위치를 강화할 수 있기를 기대한다.

11. 북극항로의 도전과 국제적 협력의 필요성

북극항로는 기존의 해상 교역로와 비교할 때 경제적 이점과 전략적 가치를 제공하지만, 그 발전 과정에서 다양한 도전 과제와 문제에 직면해 있다. 이러한 도전은 북극항로의 상업적 성공을 위해 반드시 해결해야 하는 과제이며, 이를 해결하기 위해 국제적인 협력과 조정이 필수적이다. 북극항로의 지속 가능한 발전과 안정적 운영을 위해 국제사회가 어떻게 협력하고 대응해야 하는지 살펴본다.

첫 번째 도전 과제는 북극 환경의 보호이다. 북극은 지구에서 가장 민감한 생태계 중 하나로, 기후 변화에 큰 영향을 받고 있다. 북극 해빙의 빠른 감소는 새로운 항로 개척의 기회를 제공하지만, 동시에 해빙이 사라지면서 북극 지역의 온난화가 가속화될 수 있다. 해빙이 줄어들면 햇빛이 바다에 더 많이 흡수되어 해수 온도가 상승하게 되고, 이는 다시 해빙 감소로 이어지는 악순환을 초래할 수 있다. 이러한 상황에서 북극항로의 상업적 운영은 오염 문제를 비롯해 환경적 리스크를 증가시킬 수 있다.

두 번째 도전 과제는 북극항로의 안전성 확보이다. 북극 지역의 극한 기후와 얼음 조건은 항해의 안전성에 중대한 영향을 미친다. 해빙과 선박의 충돌 위험과 항해 중 사고는 북극항로 상업화의 큰 걸림돌이 될 수 있으며, 이는 국제 해운사들과 운송업체들이 북극항로를 안정적으로 활용하는 데 부담을 줄 수 있다. 이를 해결하기 위해서는 쇄빙선 기술의 지속적인 발전과 더불어, 항로 안전 관리와 관련된 국제 규정의 강화가 필요하다.

세 번째 도전 과제는 정치적 갈등과 자원 경쟁이다. 북극은 다양한 자원을 보유한 전략적 지역으로, 이를 둘러싼 국가 간 갈등이 발생할 가능성이 있다. 특히 북극해에 접한 북극권 8개국은 각국의 이익을 보호하기 위해 북극 지역에서의 자원 개발과 군사적 활동을 확대하고 있으며, 이러한 움직임은 국제적 긴장을 초래할 수 있다. 북극의 자원 개발과 항로 운영에 있어 국가 간 협력이 이루어지지 않는다면, 북극 지역의 갈등은 더욱 심화될 수 있다.

이러한 도전 과제들을 해결하기 위해서는 국제적인 협력이 무엇보다 중요하다. 북극 이사회(Arctic Council)는 북극권 국가들 간의 협력과 조정을 위한 주요 기구로, 북극 지역의 지속 가능한 발전과 환경 보호를 목표로 하고 있다. 북극 이사회는 북극해 해양 환경 보호 협정을 비롯해 다양한 다자간 협정을 통해 북극 지역의 문제를 해결하고자 한다. 특히, 북극 이사회는 북극항로의 상업적 활용을 위한 규제와 안전 기준을 마련하고 있으며, 이는 북극항로의 안정적 운영에 중요한 역할을 한다.

또한, 비북극권 국가들과의 협력도 필요하다. 한국, 중국, 일본 등 비북극권 국가들은 북극항로의 상업적 활용에 큰 관심을 가지고 있으며, 북극 이사회에 영구 옵저버국으로 참여하여 북극 문제에 대한 기여를 확대하고 있다. 이러한 국가들의 참여는 북극권 국가들만의 이익을 넘어, 글로벌 차원에서의 협력과 조정을 가능하게 한다. 특히, 북극항로의 활용과 관련된 환경 규제와 안전 기준에 대해 국제사회가 공동으로 대응할 수 있는 기반을 마련하는 것이 중요하다.

한국은 북극 이사회의 영구 옵저버국으로서, 북극항로의 상업적 성공과 지속 가능한 발전을 위해 다양한 협력 방안을 모색하고 있다. 한국은 북극 환경 보호와 안전한 항로 운영을 위해 국제적 규제를 준수하고 있으며, 친환경 선박 개발과 항만 인프라 확충을 통해 북극항로의 활용 가능성을 높이고자 하고 있다. 또한, 한국은 북극권 국가들과의 협력을 강화하여 북극항로의 안정적 운영을 위한 다자간 협력을 주도하고 있다.

북극항로의 발전은 다양한 도전 과제와 국제적인 협력의 필요성을 동반한다. 북극 환경 보호, 항로의 안전성, 정치적 갈등 해결 등 여러 문제를 해결하기 위해 국제사회는 긴밀히 협력해야 하며, 북극 이사회의 역할과 규제 강화가 중요한 역할을 할 것이다. 또한, 비북극권 국가들의 적극적인 참여를 통해 북극항로가 글로벌 물류 네트워크에서 새로운 중심지로 자리 잡을 수 있도록 하는 노력이 필요하다.

12. 결 론

북극항로는 지리적, 경제적, 전략적 가치에서 많은 잠재력을 지니고 있으며, 글로벌 해운 및 물류의 새로운 패러다임으로 떠오르고 있다. 특히, 기존의 수에즈 운하나 파나마 운하와 같은 주요 해상 교역로의 불안정성이 증가하면서, 북극항로의 중요성은 점점 더 강조되고 있다. 북극항로는 아시아와 유럽을 잇는 가장 짧은 해상 경로로서, 물류비 절감, 운송 시간 단축, 새로운 자원 운송 경로 개척 등의 이점을 제공할 수 있다.

그러나 북극항로의 활성화와 상업적 성공을 위해서는 많은 도전 과제를 해결해야 한다. 먼저, 북극의 극한 환경에서 안정적인 항해를 보장하기 위한 쇄빙선 기술과 항만 인프라의 발전이 필수적이다. 러시아를 비롯한 북극권 국가들은 이러한 기술적 기반을 강화하고 있으며, 이를 통해 북극항로의 안정적 운영을 지원하고 있다. 특히, 러시아의 쇄빙선과 항만 인프라는 현재 북극항로 상용화의 핵심 요소로 작용하고 있으며, 이는 북극해의 전략적 중요성을 높이고 있다.

또한, 북극항로의 발전 과정에서 환경적 도전 과제에 대한 해결도 매우 중요하다. 북극해는 기후 변화로 인해 해빙이 줄어들고 있지만, 이러한 변화가 항로 개척의 기회를 제공하는 동시에 생태계 파괴와 기후 변화의 악화를 초래할 위험이 있다. 이를 해결하기 위해 국제사회는 북극항로의 상용화와 환경보호를 균형 있게 고려해야 한다. 특히, 중유 사용 제한과 같은 해양 환경 보호 규제를 강화하고, 친환경 선박 기술을 적극 도입하는 노력이 필요하다. 이는 북극 지역의 민감한 생태계를 보호하면서도 북극항로의 지속 가능성을 확보하는 데 기여할 것이다.

북극항로를 둘러싼 국제사회의 정치적 갈등도 해결해야 할 중요한 과제 중 하나이다. 북극 지역은 풍부한 자원을 보유하고 있는 전략적 요충지로, 이를 둘러싼 국가 간의 경쟁이 갈등으로 이어질 가능성이 크다. 특히, 러시아와 중국, 미국 등의 주요 국가들은 북극에서의 영향력을 확대하기 위해 군사적 활동과 자원 개발을 강화하고 있으며, 이러한 움직임은 국제사회의 긴장을 높이고 있다. 따라서 북극항로의 상업적 성공을 위해서는 국제적 협력과 다자간 협정이 필수적이다.

이러한 도전 과제에도 불구하고, 북극항로의 발전은 한국을 비롯한 여러 국가들에게 새로운 기회를 제공한다. 한국은 북극 이사회 영구 옵저버국으로서, 북극항로의 활용과 관련된 다양한 정책과 전략을 마련하고 있으며, 이를 통해 북극 지역에서의 역할을 확대하고 있다. 또한, 한국의 해운사들은 북극항로의 상업적 가능성을 모색하며, 친환경 쇄빙선 개발과 시범 운항을 통해 북극항로 활용의 가능성을 점검하고 있다. 한국의 조선업과 에너지 산업 또한 북극항로의 활성화를 통해 새로운 성장 기회를 얻고 있으며, 이는 한국 경제에 긍정적인 영향을 미칠 것이다.

북극항로는 경제적, 전략적, 환경적 측면에서 글로벌 해운과 물류의 새로운 중심지로 자리 잡을 가능성이 크다. 이를 실현하기 위해서는 기술적 발전과 환경 보호, 국제적 협력이 조화롭게 이루어져야 하며, 각국은 자국의 이익뿐만 아니라 글로벌 차원의 지속 가능성을 고려한 정책과 전략을 마련해야 할 것이다. 북극항로의 활성화는 단순히 새로운 교역로의 개척을 넘어, 국제사회의 새로운 협력 모델을 제시할 수 있는 중요한 기회가 될 것이다.

앞으로 북극항로의 상업적 성공과 지속 가능한 발전을 위해 국제사회가 협력하고, 각국의 이해관계를 조정하는 노력이 지속되어야 한다. 이를 통해 북극항로는 글로벌 물류 네트워크의 새로운 중심으로 자리 잡으며, 국제 해운과 경제에 새로운 활력을 불어넣을 것이다. 한국도 이러한 변화 속에서 북극항로의 전략적 가치를 인식하고, 적극적인 정책 추진과 기술 개발을 통해 글로벌 물류 시장에서의 경쟁력을 강화해 나가야 할 것이다.

특히, 한국은 북극항로의 상업적 가능성을 모색하는 단계에서 친환경 기술 개발과 국제 협력 강화를 통해 장기적인 비전을 가지고 접근해야 한다. 북극해의 민감한 생태계를 보호하고 기후 변화 문제에 대응하면서도 경제적 기회를 극대화하기 위해서는 보다 혁신적이고 지속 가능한 접근이 필요하다. 또한, 북극항로 거점 항만 발전과 조선업 및 해운업의 역량 강화를 통해 한국이 북극항로에서의 전략적 위치를 공고히 해야 한다.

결론적으로, 북극항로는 새로운 기회를 제공하면서도 동시에 해결해야 할 과제를 제시하고 있다. 따라서 각국은 단기적인 경제적 이익을 넘어서 지속 가능한 발전과 협력의 필요성을 인식하고, 북극항로의 미래를 설계해야 할 것이다. 앞으로의 글로벌 해운 및 물류는 북극항로가 새로운 중심지로 자리 잡으면서 점차 변화해 나갈 것이며, 이를 통해 경제와 환경의 균형을 맞추는 새로운 패러다임을 구축해야 할 것이다.

이상으로, 북극항로의 경제적, 전략적 가치와 그 발전 가능성에 대해 살펴보았다. 북극항로의 상업화는 단순한 새로운 교역로 개척을 넘어, 국제 해운과 물류의 미래를 새롭게 정의할 수 있는 기회로 작용할 것이다. 이 글이 향후 북극항로와 관련한 정책 수립과 전략적 대응에 있어 기초적인 자료로 활용되기를 바란다.

디지털 전환과 해운물류

한철환(동서대학교 국제물류학과 교수)

1. 서 론

최근 한국해양진흥공사는 한국해운협회 산하 31개 회원사를 대상으로 '해운산업 디지털 전환 수준 진단'을 실시한 결과를 발표하였다. 진단 결과에 따르면 우리나라 해운산업의 디지털 전환 수준은 도입단계에 해당하는 것으로 나타났다. 이 단계는 경영진과 담당 부서가 디지털 전환에 관하여 인식하고, 계획을 수립하여 주요 인프라를 도입하는 단계를 의미한다. 선종별로는 공급사슬이 내륙까지 이어지는 컨테이너선사가 정착단계인 반면, 항만 간을 수송하는 벌크선사와 탱커선사는 도입단계인 것으로 나타났다. 기업규모별 격차는 더 컸는데, 대기업은 확산단계에 있으나 중견기업은 도입단계, 중소기업은 검토단계에 머문 것으로 확인되었다. 전반적으로 국적선사가 디지털 전환을 위해 도입한 기술은 원격 근무나 영상회의 등 업무 수행을 위한 인프라 위주였으며, 인공지능, 빅데이터, 플랫폼 구현 등 최신기술 도입은 아직 미흡한 것으로 나타났다.

세계 해운물류업계는 4차 산업혁명과 코로나 엔데믹 시대를 맞아 디지털 전환을 미래 생존전략으로 간주하고 있다. 블록체인기반의 해운물류서비스 플랫폼, 사물인터넷을 이용한 선박과 화물의 실

* <바다, 저자와의 대화> 제5라운드 제160강(2024. 6. 29.)에서 발표함.

시간 위치추적, 인공지능과 빅데이터 기술을 활용한 선대운영 및 항로 최적화와 예측적 유지보수 등이 그것이다. 나아가 가까운 장래에 등장할 자율운항선박과 스마트항만 시대에 디지털 기술과 이를 활용한 디지털 솔루션의 제공은 해운물류기업에게 선택이 아닌 필수적인 경쟁우위가 될 것이다. 특히 기후변화에 따른 탈탄소 시대의 도래는 필연적으로 해운물류기업들로 하여금 에너지 효율성 개선과 엄격한 환경규제 준수를 강요할 것이 명확한 상황에서 디지털 전환은 이를 해결할 수 있는 훌륭한 대안이 될 수 있다.

이에 따라 세계 유수의 해운물류기업들은 디지털 전환에 적극 나서고 있다. 기존의 수출입 물류 프로세스는 다수의 이해관계자들이 참여하여 매우 복잡하고, 거의 대부분의 업무가 이메일, 전화, 팩스 등 전통적 방식에 의해 수행됨에 따라 업무효율성이 낮고 데이터의 투명성이 낮았다, 이 같은 상황에서 코로나19 팬데믹은 세계 물류업계가 디지털 전환이라는 새로운 궤도에 접어들게 만든 결정적 계기로 작용하였다. 덴마크 선사 머스크는 수출입 화물운송과 관련된 모든 거래를 디지털 플랫폼을 통해 처리함으로써 적시에 수출입 신고를 처리하고 있으며, 독일 선사 하팍-로이드는 3백만 개의 컨테이너 박스에 센서를 부착하여 고객들에게 글로벌 차원에서 컨테이너 이동에 관한 완전한 가시성을 제공하고 있다. 또한 두바이에 본사를 둔 글로벌항만운영회사인 두바이포트월드(Dubai Port World)는 전체 물류과정에 대한 솔루션 제공과 화물추적관련 가시성을 확보하고자 2022년 한 해에만 500명이 넘는 엔지니어를 고용하였다. 샌프란시스코에 본사를 둔 디지털포워딩기업인 플랙스포트(Flexport)는 아마존의 전 임원을 공동CEO로 영입한데 이어, 2023년 한 해에만 400명 정도의 소프트웨어 프로그래머를 고용하여 공급망의 디지털화를 추진하고 있다.

이처럼 세계 주요 물류기업들이 디지털 전환을 적극 추진하고 있는 것과 상반되게 IT 강국이라고 자부하는 한국의 해운산업이 디지털 전환에 있어서 걸음마 수준인 이유는 무엇일까? 짧은 호황기와 긴 불황기로 대별되는 해운시장의 경기순환으로 인해 국내 해운기업들이 디지털 전환에 투자할 여력이 부족했을 수도 있고, 전통적으로 보수적 성향이 강한 해운산업 특성상 기존의 비즈니스 모델에 안주하고자 하는 성향이 강하다는 점을 꼽을 수도 있을 것이다. 그러나 무엇보다 변화하는 시대의 흐름에 민첩하게 대응함으로써 고객에게 새로운 가치를 제안하고 그를 통해 기업의 지속가능한 발전을 도모하려는 노력이 부족하였던 것이 아닐까? 다시 말해 우리 해운기업들의 디지털기술에 대한 전문지식, 디지털 조직문화 그리고 디지털 리더십 등 소위 디지털 역량이 부족하고, 새로운 디지털 기술을 비즈니스에 어떻게 활용할 것인지에 관한 전략적 사고가 부족한 데 기인한 것은 아닐까?

본서는 이러한 질문들에 대한 해답을 찾아보고자 하는 시도에서 집필되었다. 이를 위해 디지털 전환에 대한 개념과 의의에서부터 시작하여 주요국들의 디지털전환 전개과정과 해운물류산업에 적용 가능한 다양한 디지털 기술들의 사례를 소개하였다. 또한 e-내비게이션에서부터 자율운항선박, 디지털 해운플랫폼, 디지털 해운물류 스타트업 그리고 디지털 금융에 이르기까지 해운물류산업에 있어서 디지털 전환의 적용분야를 살펴보았다, 이어 우리나라의 스마트 해운물류 전략을 비롯해 중국과 일본의 해운물류분야 디지털 전환 정책과 전략을 비교해 보았다. 마지막으로 우리나라 해운물류분야의 디지털 전환이 성공하기 위한 조건과 장애요인을 검토한 데 이어, 디지털 전환을 위한 향후과제를 지원제도, 연구개발(R&D), 전문 인력, 기업가정신 측면에서 제시해 보았다.

2. 본 론

코로나19 팬데믹이 주는 교훈: 해운물류의 중요성

코로나19 팬데믹의 영향을 평가하기에는 다소 이른 감이 없지 않지만 그것이 세계 각국의 경제활동에 심대한 영향을 미쳤다는 것만은 분명한 사실이다. 코로나19로 인해 중국을 비롯해 세계 주요 도시들과 항만을 비롯한 주요 물류거점들이 봉쇄되면서 의약품에서 자동차 부품의 조달에 이르기까지 글로벌 공급사슬이 붕괴됨에 따라 지구촌 모두가 고통에 시달렸다. 코로나19 팬데믹으로부터 우리가 배운 교훈 중 하나는 해상물류가 봉쇄되면 지구상 어느 국가도 정상적인 경제활동을 영위할 수 없다는 사실이다. 다시 말해 세계 상품교역의 90%를 담당하는 해운물류가 멈추면 세계가 멈추게 된다는 사실을 이번 코로나19 팬데믹을 통해 우리는 실감하게 되었다. 이제 대부분의 국가들은 코로나19 팬데믹의 영향권에서 벗어났지만 향후 재발할지도 모르는 유사한 상황에 대비하여 해운물류의 회복력을 개선할 필요성은 그 어느 때보다 증가하고 있다. 이를 위해 국제기구와 선진국을 중심으로 해운물류분야의 디지털화를 촉진하여 전통적인 인간 상호작용과 서류 기반 거래를 줄이고 국가 간 교역을 자동화하려는 노력을 경주하고 있다. 특히 4차 산업혁명 시대를 맞아 디지털화라는 거대한 흐름은 이제 해운물류분야도 피해갈 수 없는 상황이 되었다.

4차 산업혁명의 흐름에 물류산업도 적극 대응해야

인류는 농업혁명과 산업혁명을 거치며 새로운 기술이 개발됨에 따라 일자리를 잃게 되리라 걱정하며 살아왔다. 19세기 영국에서 일어났던 러다이트 운동에서부터 최근의 챗GPT와 같은 생성형 인공지능(AI)의 등장에 이르기까지 기술발전이 대량해고를 야기할 것이라는 우려는 끊임없이 제기되어 왔다. 하지만 인류 역사를 돌아볼 때 새로운 기술의 발전이 일부 일자리를 대체하기도 하지만 새로운 일자리를 창출하는 효과가 더 컸었던 것이 사실이다. 일례로 개인용 컴퓨터와 인터넷의 등장 등 정보 통신 혁명으로 인해 당초 사무직 일자리가 대폭 줄어들 것이라는 예상과 달리 모바일, 전자상거래, 공유경제(sharing economy)의 대두 등에 따라 IT기술로 무장한 새로운 사무직종들이 늘어났다.

세계는 지금 4차 산업혁명이라 불리는 새로운 기술혁명의 초입에 있다. 4차 산업혁명이 몰고 올 전환은 이전에 있었던 그 어떤 변화보다 강력하고 광범위하다.[1] 어떤 측면에서 4차 산업혁명은 3차 산업혁명이 야기한 디지털화의 연속선상에 있다고 볼 수 있지만, 사물인터넷(IoT), 클라우딩 컴퓨터, 인공지능, 로봇, 자율주행차량, 블록체인, 3D 프린팅 등과 같은 기술의 보급을 통해 물리적 세계와 가상세계를 융합시킨다는 점에서 차별성이 있다. 산업혁명 시대에 증기기관이 인간의 근력(muscle power)을 대체했다면 4차 산업혁명시대 디지털기술은 우리의 사고방식과 비즈니스 환경을 근본적으로 재구성함으로써 인간의 지력(brain power)을 대체할 전망이다.[2] 따라서 기업들은 디지털 기술을 기반으로 전략, 조직, 프로세스, 비즈니스 모델 등 기업 전반을 변화시키는 디지털 전환(DX)을 적극 추진하여야 한다.

물류산업 내부적으로도 비용절감과 기술투자에 대한 압력 증가

말콤 맥린(Macolm McLean)의 컨테이너 발명은 비단 대형 국제운송회사의 등장뿐만 아니라 미국과 서유럽 같은 대형 소비국의 제조

---

1) 클라우스 슈밥, 『제4차 산업혁명』, 새로운현재, 2016.
2) 에릭 브린욜프슨 · 앤드루 맥아피, 『제2의 기계시대』, 청림출판, 2014.

업을 약화시키는 결과를 낳았다. 최근 보호무역주의의 대두와 자동화 장비의 생산비용 감소 그리고 COVID-19에 따라 니어쇼어링(near-shoring)과 리쇼어링(re-shoring)이 증가하는 추세이다.[3] 특히 코로나로 인한 글로벌 공급망 붕괴에 따라 해상운임이 폭등하는 등 물류비용이 지속적으로 상승하고 있다. 과거에는 제조기업의 경우 제품의 총비용에서 물류비용이 차지하는 비중이 낮아 물류비 절감을 위한 내부역량 강화 노력이 부족했던 것이 사실이다. 로봇과 자동화로 인해 제조비용이 지속적으로 감소함에 따라 제품가격에서 운송비 등 물류비가 차지하는 비중이 증가하고 있다. 이에 따라 물류기업 역시 그들 제품과 서비스에 들어가는 투입요소를 줄여 물류서비스의 판매 원가를 낮춰야 하는 지속적인 시장압력에 직면해 있다.

고객과 물류스타트업 등 경쟁사들로부터의 증가된 압력은 물류기업으로 하여금 비용절감에 있어서 기술의 역할에 대한 보다 면밀한 평가를 촉발하였다. 전통적으로 B2B 산업인 물류산업의 디지털 전환을 위한 기술투자가 최근 크게 증가하고 있다. 2012년부터 2017년까지 벤처캐피탈은 물류와 해운 스타트업에 33억 달러(한화 약 40조원) 이상 투자하였다.[4] 업계 선두주자들도 기술에 막대한 투자를 하기 시작하였다. 미국의 종합물류기업인 C. H. Robinson은 향후 공급사슬에 심대한 영향을 미칠 기술부문에 향후 5년간 10억

3) 니어쇼어링(near-shoring)은 기업의 업무 프로세스 일부를 경영효율 극대화를 위해 다른 기업에 위탁해 처리하는 아웃소싱의 한 방법으로 지리적으로 인접한 국가에서 아웃소싱하는 것을 말함. 리쇼어링(re-shoring)은 비용 등을 이유로 해외로 나간 자국 기업이 다시 국내로 돌아오는 현상을 말하는 것으로 리쇼어링이 어려울 경우 인접국가로 생산시설을 이전하는 것을 니어쇼어링이라고 함. 프렌드 쇼어링(friend-shoring)은 우호국이나 동맹국들과 공급망을 구축하는 것으로 생산시설을 해외로 이전하는 오프쇼어링(off-shoring)이 중국 의존도를 높이고 글로벌공급망을 교란한다는 지적에 따라 미국이 오프쇼어링의 대안으로 제안한 것임.

4) Riedl, J., Chan, T., The Digital Imperative in Freight Forwarding, BCG, 2019.

달러를 투자하기로 발표하였고, DHL 역시 자사의 디지털 전환에 20억 유로를 투자하기로 결정한 바 있다. 이에 따라 디지털 전환에 대한 투자를 따라가지 못하는 기업은 경쟁에서 뒤처지게 될 것이고, 특히 중소형 물류기업의 경우 인수합병(M&A)을 통한 기업 간 통합이 증가하는 상황에서 기업의 생존에 결정적 영향을 미칠 것이다.

물류기업들도 디지털 전환의 큰 파고에 슬기롭게 대처해야

대형 물류기업들은 이미 오래전에 행정지원서비스(back-office functions)를 해외센터로 이전하였고, 현재는 이들 기능을 자동화하기 위한 노력을 진행 중이다. 중형 물류기업들은 아웃소싱과 자동화간 저울질을 계속하고 있다. 문서처리와 서류작업의 비용이 감소함에 따라 이윤율도 줄어들고 있어 값싼 임금에 의존하는 저숙련 노동업무는 해외로 아웃소싱되거나 자동화될 것이다. 업무 자동화에 대한 투자는 단순 업무의 해외 아웃소싱에 따른 비용절감을 능가할 것이다. 지난 수십 년간 물류기업들은 팩스나 이메일과 같은 전통적인 방식을 유지해 왔기 때문에 디지털기술을 활용한 물류산업의 효율성 개선 기회는 무궁무진하다. 다만 기업문화, 조직의 우선순위, 환경변화에 대한 조직의 전략 등을 먼저 검토할 필요가 있다. 이제 물류기업은 디지털 전환의 큰 파고를 맞이하고 있으며 이러한 변화에 먼저 대응하는 기업만이 생존할 수 있는 기회를 잡게 될 것이다.

물류산업의 디지털 전환의 의미

디지털 전환(digital transformation)이란 디지털 기술을 활용하여 비즈니스 프로세스, 비즈니스 모델, 비즈니스 생태계를 바꿔 고객에게 이전에는 경험하지 못한 새로운 가치와 경험을 제공하는 것이다. 이러한 디지털 전환은 효율적인 물류의 필수 요소이다. 사물인터넷(IoT), 로봇, 인공지능(AI), 클라우드 컴퓨팅, 블록체인 및 빅데이터 분석과 같은 디지털기술을 활용하여 기업은 일상적인 업무의 자동화에서부터 운송, 보관, 하역, 포장 등 물류운영 전반의 효율성을 향상시킬 수 있다. 나아가 디지털기술을 물류프로세스에 통합하면 공급망 운영을 최적화하여 기업의 성과를 제고할 수 있다.

구체적으로 디지털 전환은 물류회사가 상품 배송을 실시간으로 추적하는 것은 물론, 개선해야 할 영역을 찾아내어 보완함으로써 기업의 생산성을 높일 수 있도록 지원한다. 또한 디지털 전환을 통해 배송 차량의 이동경로를 최적화하고, 도착 지연을 예측하여 사전에 개선하고, 차량 사고 발생 시 대안 경로를 제공할 수 있다. 나아가 예측 정비(predictive maintenance), 운송경로 및 연료 최적화(route and fuel optimization), 차량 추적(traffic traceability) 등과 같은 기능을 통해 물류비용과 시간을 획기적으로 단축시켜 기업경쟁력 제고에 기여할 수 있다.

물류분야에 적용 가능한 디지털기술과 활용사례를 살펴보면 다음과 같다. 물류 및 공급사슬에 있어서 블록체인 기술은 특히 국제화물운송에 매우 유용하다. 스마트 계약과 DApps[5]은 안전한 데이터 배포, 분산 및 검증을 제공하여 공급사슬 내에서 신뢰와 가시성(visibility)을 높이는 데 중요한 기능을 제공하고 있다. 증강현실(AR)은 물품의 피킹과 포장 등 창고운영을 근본적으로 변화시켜 물류기업에 중요한 경쟁우위를 제공할 수 있고, 가상현실(VR)은 물품의 무게, 내용 및 취급방법과 같은 중요한 배송정보가 VR 글래스에 표시되어 업무 효율성을 높일 수 있다. 또한 물류기업은 방대한 데이터에 접근할 수 있는데, 이러한 빅데이터를 딥러닝 기술을 통해 분석

5) DApps는 Decentralized Applications의 약어로 탈중앙화 어플리케이션이라는 뜻임. 일반적인 어플리케이션처럼 중앙화된 서버에서 실행되지 않고, 탈중앙화된 컴퓨터 네트워크에서 실행되는 소프트 프로그램을 말함.

하여 비용이 많이 발생하는 배송지연 또는 부정적인 고객경험(CX)을 초래할 수 있는 잠재적인 문제들을 산정에 발견하여 대처하는데 유용하다. 인공지능(AI)과 기계학습(ML)은 공급사슬상 이해관계자들의 원격 네트워크 전반에 걸쳐 가시성과 통합성을 향상시킴으로써 공급사슬의 거버넌스와 데이터 사일로(data silos)[6] 문제를 해결할 수 있다. 디지털 물류 플랫폼(digital logistics platforms)은 물류기업의 운영 최적화와 보다 나은 고객경험을 위한 상호연계 시스템을 제공한다.

사물인터넷(IoT)은 제품 식별 및 데이터 분류, 배송경로, 위치 추적 및 재고관리를 용이하게 하는 등 공급망 운영에 혁신을 일으키고 있다. IoT와 컴퓨터를 결합하여 즉각적으로 데이터를 수집 · 처리하면 문서작업과 관련된 인적오류의 위험을 감소시킬 수 있다. 이러한 기술을 통해 상점들은 별도의 노력 없이 장비 상태나 분실된 화물을 실시간으로 추적할 수 있다. 또한 AI 기반 IoT 장비가 부착된 장비를 이용해 최적화된 하역 솔루션과 해상운송경로를 제공받아 화물운송의 효율성을 높일 수 있다.

디지털 전환이 물류기업에 주는 편익

디지털 전환은 물류산업에 효율성 향상을 통한 수익성 개선, 지속가능성, 안전성 그리고 고객만족 제고를 통한 기업경쟁력 강화라는 편익을 제공한다.

첫째, 운영 효율성 향상을 통한 수익성 개선이다. 기존 복잡한 수출입관련 서류작업을 디지털 플랫폼으로 전환하여 서류 없는 수출입 거래를 활용한다든가, 선박운항 데이터를 활용하여 최적의 운항경로를 도출하여 활용하여 연료소비를 최소화한다거나, AI 기술

6) 데이터 사일로란 회사의 나머지 부서와 격리된 단일부서에서 제어하는 데이터 저장소를 말함.

을 활용한 예측정비(predictive maintenance)를 통한 선박관리시스템을 구축한다거나 향후 자율운항선박에 이르기까지 해운물류분야에 있어서 디지털기술을 활용하여 비용절감과 운영효율성을 제고하는 방안은 무궁무진하다. 특히 최근 들어 젊은 층의 선원직 기피현상으로 유능한 선원인력을 확보하기 어려운 상황에서 코로나19 팬데믹으로 선원의 안전문제가 국제적 이슈로 부상함에 따라 향후에도 선원확보는 심각한 문제가 아닐 수 없다. 이러한 상황에서 디지털 기술은 부족한 선원인력을 보완하고 인적오류에 의한 해상사고를 미연에 방지할 수 있는 중요한 대안이 될 수 있다.

둘째, 디지털 기술은 해운물류산업의 지속가능성에도 크게 기여할 수 있다, 앞서 언급한 빅데이터와 인공지능 기술을 활용한 선박의 최적 운항경로, 폐기물이나 유해물질을 발생시키는 해양활동에 대한 실시간 모니터링, 무인자동화에 기반한 스마트항만의 등장은 탄소배출과 해양폐기물을 줄이고 취약한 해양생태계를 보존하는 데 기여할 수 있다.

셋째, 안전성이다. 해상이나 하역작업에 디지털 기술을 활용하면 선박이나 항만에서 발생하는 해양사고를 획기적으로 줄일 수 있다. 예를 들어 해상에서 선박운항 시 스마트 내비게이션 시스템을 사용하면 사람의 실수로 인해 발생할 수 있는 충돌과 해난사고를 방지하는 데 도움이 된다. 2021년 수에즈운하에서 발생한 에버기븐호 좌초사고도 강풍으로 인한 사고였는데 이는 디지털 모니터링과 피드백 시스템으로 쉽게 감지할 수 있는 것이었다. 또한 네덜란드 로테르담 항과 같은 항만들은 완전 무인 자동화 컨테이너터미널을 구축한데 이어, 5G 네트워크를 활용해 무선 센서를 항만 곳곳에 대량 배치하여 화물이동과 작업을 실시간으로 모니터링하여 작업자의 안전사고를 최소화하고 있으며, 벨기에 앤트워프 항은 디지털 트윈 플랫폼을 구축하여 대량의 데이터를 실시간으로 수집할 수 있는 디지털 3D 맵을 구현하였다.

넷째, 고객만족과 이해관계자들 간 신뢰를 촉진한다. 물류분야의 디지털 전환은 고객이 자신의 주문을 처음부터 끝까지 추적하는 것이 가능하게 만들어 시간과 비용 절감이라는 효과를 모두 제공한다. 고객들이 언제 자신의 상품이 배송되는지 예상하거나 또는 배송과 관련하여 변경사항이 발생했는지 알고 싶을 때 해당기업이 제공하는 디지털 배송플랫폼에 접속하여 직접 확인하거나 모든 관련 정보가 포함된 자동 메시지를 받을 수 있다. 이처럼 상품 배송과 관련된 모든 프로세스에 대한 정보가 제공되면 고객의 만족과 신뢰는 증가하게 된다.

디지털 전환의 목표와 가능한 분야부터 단계적으로 추진해야

디지털 전환은 이제 선택이 아닌 필수이다. 사회경제적 측면에서 볼 때 저출산 고령화 시대를 맞아 숙련노동이 부족해지고 인건비 상승에 기업들이 대응해 나가기 위해서는 로봇 등 자동화를 적극 추진해 나갈 수밖에 없다. 또한 지난 3년간 코로나19 팬데믹을 겪으면서 비대면 업무의 증가로 디지털기술에 대한 수요도 크게 증가하였다. 이러한 현상은 쉽게 사그라지지 않을 것이다. 제러미 리프킨이 말한 한계비용 제로사회(zero marginal cost society, 일명 공유경제)에서는 새로운 디지털기술의 발전에 따라 업무 자동화의 비용이 급속히 감소할 것이므로 물류기업은 자신들의 기존 비즈니스 프로세스를 재구성하여야 한다.[7] 게다가 시장 환경 측면에서도 새로운 기술로 무장한 물류스타트업 기업들이 시장에 속속 등장함에 따라 물류기업 간 경쟁이 갈수록 심화되고 있는 상황에서 디지털 전환은 물류기업에게도 생존을 위한 필수 전략이다.

---

7) 제러미 리프킨, 『한계비용 제로사회』, 민음사, 2014.

그렇다면 물류기업들은 디지털 전환을 어떻게 추진해 나가야 할까? 무엇보다 물류기업들이 디지털 기술 도입에 필요한 예산은 어떻게 확보할 것인가? 고정비용의 비중이 높고 이윤율은 낮은 물류산업의 특성상 막대한 투자비용이 소요되는 디지털 전환에 쉽게 뛰어들 수 있는 국내기업은 많지 않을 것이다. 특히 영세업체가 많은 국내 해운물류업계의 특성상 디지털 전환을 추진하기란 말처럼 쉬운 일이 아니다. 중소형 물류기업의 경우 재무적으로나 시간적 제약조건을 고려할 때 다양한 디지털 기술을 내부적으로 직접 개발하기보다는 전문 업체들이 개발한 기술을 조직의 내부 환경에 맞게 응용하거나 아웃소싱하는 편이 낫다. 무엇보다 개별기업의 디지털 전환 추진 목적과 목표를 명확히 수립한 후 현실적으로 추진 가능한 사업이나 분야부터 단계적으로 추진해 나가는 것이 중요하다. 필요하다면 외부 컨설팅을 활용하거나 혹은 조직 내부에 전담부서를 두고 추진해 나가는 방법도 있다. 분명한 것은 도입하려는 디지털기술의 잠재적 편익이 해당 기술을 습득하거나 활용하는 데 들어가는 비용을 상회하여야 한다. 디지털 전환은 기업의 업무를 보다 효율적으로 수행하는 데 도움이 되기도 하지만 사내 일부 직원들의 일자리를 빼앗아 갈 수도 있다. 이들이 회사의 디지털 전환을 가로막는 장애물이 되지 않도록 적절한 배려가 있어야 함은 물론이다.

극복해야 할 디지털 전환의 장애요인들

대다수 물류기업들이 디지털 전환의 필요성에 공감하더라도 극복해야 할 현실적인 장애가 많은 것 또한 사실이다.

첫째, 물류업계 종사자들은 디지털 전환이 비즈니스 측면에서 비용이 많이 들고 위험한 것으로 생각한다는 점이다. 이러한 인식은 해운산업처럼 수익률이 낮고 서비스 차별화가 어려워 비용절감에 집중하는 산업에서 디지털 전환의 큰 장애물이 되고 있다. 대부분의 해운기업은 디지털 기술이 세상에 알려진 것만큼 실질적인 효과가 있는지 알아보기 위해 본인이 선구자가 되고 싶어 하지 않는다. 많은 해운기업 CEO들이 자신들의 사업 영역에서 디지털화의 실용성을 테스트하는 데 돈을 쓰는 것을 꺼려한다. 이 같은 보수적 성향이 해운물류분야의 디지털화가 다른 분야보다 미진한 이유 중 하나다. 해운물류기업의 디지털 전환에 대한 조직 구성원들의 인식과 태도를 바꾸고 역량을 키우는 것이 무엇보다 중요한 이유다.

둘째, 데이터 공유의 문제이다. 빅데이터의 수집과 분석, 기계학습 등 성공적인 디지털화를 위해서는 데이터 공유가 필수적이다. 선사 간 선박 운영 데이터의 공유, 선사-항만-내륙운송 기업이나 기관 간 데이터 공유 등은 해운물류분야의 디지털 전환에 매우 중요한 선결요건이다. 그러나 안타깝게도 많은 해운기업들이 사업비밀 보호 차원에서 데이터 교환보다 데이터 보호를 우선시하고 있다. 이는 해운산업의 원활한 디지털 전환을 가로막아 해운산업 전체의 발전을 가로막는 장벽으로 작용하고 있다.

셋째, 장애요인은 사이버 보안(cyber security)이다. 기업이 실시간으로 데이터를 공유하거나 기존 프로세스와 시스템을 디지털 솔루션으로 전환하는 것을 꺼리는 이유 중 하나는 사이버 공격에 대한 두려움 때문이다. 디지털기술의 채택은 기술적으로 사이버 공격의 위험과 영향을 증가시키기 때문에 이러한 두려움은 일면 타당한 측면도 있다. 왜냐하면 중요한 인프라에 대한 공격은 사업운영과 수익성에 막대한 영향을 미칠 수 있기 때문이다. 또한 최고경영자는 디지털기술에 사이버 보안시스템을 설치 · 유지비용과 같은 숨겨진 비용이 수반되는 것을 꺼려한다. 그러나 암호화된 안전한 디지털시스템이 지속적으로 개선되고 있으며, 적절한 예방계획을 수립하면 사이버 공격의 위험을 크게 줄일 수 있다.

디지털 전환은 선택이 아닌 필수

디지털 전환은 해운 비즈니스 생태계에 막대한 이점을 제공한다. 한국 해운물류업계가 효율성, 수익성, 안전성 및 지속가능성을 달성하여 세계 해운물류산업의 명실공히 리더가 되기 위해서는 디지털 전환이라는 기회를 적극 활용하여야 한다. 해운기업이 산업의 특성상 서비스 차별화가 용이하지 않아 비용절감을 지향하기 때문에 기존 비즈니스 프로세스를 디지털로 전환하는 데 신중을 기하는 점은 일면 이해가 되는 측면도 있다. 그럼에도 불구하고 해운물류분야 이해관계자들에게 디지털 전환의 광범위한 이점을 상기시켜 최고경영자들을 디지털전환 회의론에서 벗어나게 만드는 것이 무엇보다 중요하다. 세계 물류업계가 경쟁적으로 디지털 기술을 활용하여 효율성 제고와 새로운 시장을 개척하고 있는 점을 감안할 때 국내 해운기업들도 디지털 전환을 위한 지속가능한 투자를 더 이상 주저해서는 안 된다.

해운물류산업의 디지털 전환이 성공적으로 이루어지기 위해서는 무엇보다 새로운 가치 창출원으로써 디지털 전환에 대한 인식 전환이 우선이다. 디지털 인프라와 디지털 역량을 갖추는데 소요되는 자금을 비용으로 생각하기보다는 미래 경쟁력 확보를 위한 선제적 투자로 인식하여야 한다. 이를 토대로 기업 배부에 디지털 전환을 주도할 전담부서를 설치하고, 직원들에 대한 디지털 교육훈련을 강화하는 등 기업의 조직과 문화를 디지털 역량을 제고할 수 있는 방향으로 정비해 나가야 한다. 이러한 디지털 인프라와 디지털 역량을 기반으로 참신하고 획기적인 디지털 솔루션을 제공할 수 있는 새로운 비즈니스 모델을 구축하여 기업의 운영효율성은 물론, 고객경험의 극대화를 도모하여야 할 것이다. 이를 위해서는 해운물류기업 최고경영자들이 전통적 사업방식의 관성에서 과감히 벗어나 디지털 혁신가(digital disruptor)로 재탄생하여야 한다. 정부 역시 해운

기업들의 디지털 혁신 역량 강화를 위해 연구개발(R&D) 지원, 디지털기술을 겸비한 물류전문인력 양성에 노력하여야 한다. 무엇보다 투자여력이 부족한 중소선사들이 디지털 변혁에 적극 뛰어들 수 있는 지원책이 필요하다. 강한 자나 똑똑한 자가 아닌, 변화에 적응한 자만이 살아남는다는 찰스 다윈의 말은 오늘날과 같은 디지털 변혁기에 우리 해운물류산업에도 여전히 유효하다.

한국경제가 비록 산업화는 늦었지만 정보화에 발 빠르게 대응하여 선진국으로 도약할 수 있었던 것처럼 해운물류산업이 디지털 전환에 성공하여 다시 한 번 우리나라가 글로벌 해운강국으로 자리매김할 수 있기를 기대하여 본다.

친환경 선박으로의 전환 및 녹색해운 항로 구축

송강현(한국선급 친환경선박해양연구소 소장)

1. IMO GHG 규제: 해운업계의 미증유의 도전

IMO의 GHG 규제는 해운업계가 일찍이 경험하지 못한 가장 큰 도전이자 반드시 극복해야 할 과제이다. 기존의 황산화물 규제와 질소산화물 규제도 해운업계에 큰 영향을 미쳤지만, GHG 규제는 이와는 차원이 다른, 일찍이 겪어 보지 못했던 충격을 줄 것으로 예상된다. 2018년 IMO가 초기 GHG 전략을 채택할 당시만 해도, 2050년까지 GHG 총량을 50% 감축하겠다는 목표를 과연 해운업계가 달성할 수 있을지에 대해 많은 의구심과 비판이 있었다.

왜냐하면, GHG 감축을 위해서는 선박의 연료 전환이 필수적이지만, 대체연료의 공급망 부족, 높은 가격, 낮은 에너지 밀도, 독성 등 많은 도전 과제가 존재하기 때문이다. 물론 전 세계 물동량의 80% 이상을 해운이 담당하고 있고, HFO를 사용하더라도 동일한 중량의 화물을 동일한 거리를 운송할 때 발생하는 GHG량, 즉 탄소 집약도가 타 운송수단에 비해 선박이 압도적으로 낮은 상황을 감안할 때, 해운업계의 역할 대비 GHG 감축 압력은 분명 불합리한 부분이 있을 수 있다.

* <바다, 저자와의 대화> 제5라운드 제161강(2024. 7. 13.)에서 발표함.

그러나 IMO는 NDC 목표상 하나의 국가로 취급되고, 타 운송 산업과의 상대적 감축량이 아닌 해운업계 스스로의 2008년 배출량을 기준으로 한다. 특히 지구온난화의 직접적 영향을 받는 도서 국가나 선제적으로 GHG 감축을 시행하고 있는 EU 회원국들은 GHG 규제를 강화하는 데 매우 적극적이다. 이런 상황을 감안할 때 지구온난화를 막기 위한 해운업계의 GHG 규제는 역행할 수 없는 현실임을 직시할 필요가 있다.

해운 업계의 여러 우려에도 불구하고 GHG 규제는 산업 전반에서 강화되고 있다. 대부분 국가는 이미 2050년, 빠르게는 2040년 내에 GHG 배출 제로를 달성하겠다는 NDC 목표를 세우고 감축을 위한 노력을 하고 있다. 이런 전 세계적인 GHG 감축 목표에 동참하기 위해 IMO에서는 2023년 7월 기존 전략을 대폭 수정하여 2050년까지 GHG 배출을 제로로 하겠다는 새로운 목표를 채택하였다. 해운 업계는 이제 미증유의 도전에 직면해 있다.

IMO의 2023년 개정 GHG 전략

이번에 개정 채택된 주요 목표는 다음과 같다.

* 비전: 2050년경까지 국제 해운의 온실가스 배출 넷째로 달성
* 2030년까지:
  - 2008년 대비 CO2 배출 강도 40% 이상 감축
  - 제로 또는 근접 제로 온실가스 배출 기술, 연료 및 에너지원 사용 비중 5% 달성(10% 목표)
  - 총 온실가스 배출량 20% 감축(30% 목표)
* 2040년까지: 총 온실가스 배출량 70% 감축(80% 목표)

IMO 2050 배출 제로 목표

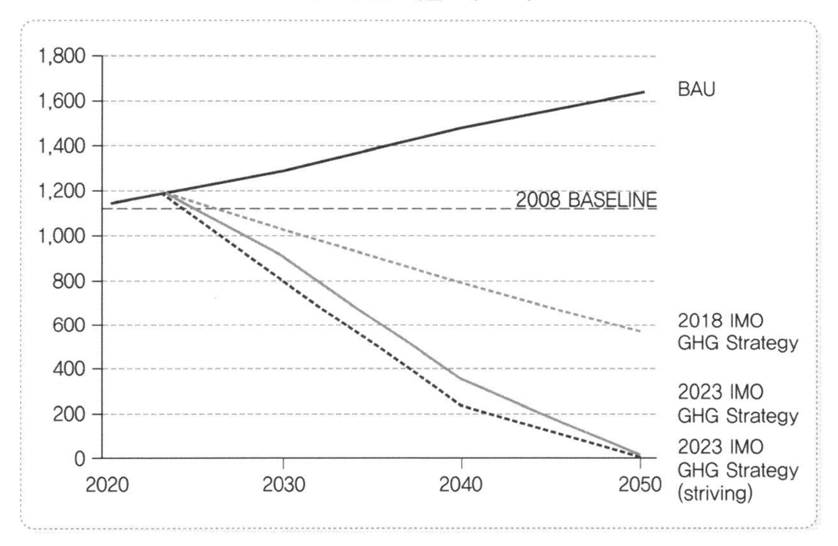

IMO의 중기조치 논의(탄소세 및 Goal-based Fuel Standard)

IMO는 이미 단기조치로 2023년 CII와 EEXI를 발효한 바 있다. 또한 2050년 넷째로 목표 달성을 위한 중기조치로 크게 두 가지 방안을 논의하고 있다.

1) 탄소세(Carbon Levy)

탄소세는 선박이 배출하는 온실가스에 대해 일정 금액을 부과하는 제도로, 온실가스 배출에 대한 경제적 부담을 증가시켜 친환경 기술과 연료 도입을 유도하는 것이 목적이다. 현재 논의 중인 탄소세 금액은 톤당 20~150달러 수준이다.

• 장점 :

- 경제적 신호 제공으로 업계의 행동 변화 유도
- 친환경 기술 및 연료 개발에 필요한 자금 조성 가능

· 단점 :
- 해운 비용 상승으로 인한 물류비 증가 우려
- 개발도상국에 미치는 경제적 영향에 대한 우려

2) Goal-based Fuel Standard(GFS)

GFS는 선박 연료의 온실가스 집약도 기준을 설정하고, 이를 단계적으로 강화하는 방식이다. 이 방식은 특정 기술이나 연료를 지정하지 않고, 목표 달성을 위한 방법을 업계가 자율적으로 선택할 수 있도록 한다.

· 장점 :
- 기술 중립적 접근으로 다양한 해결책 촉진
- 단계적 접근으로 업계의 적응 시간 제공
· 단점 :
- 복잡한 모니터링 및 검증 시스템 필요
- 초기 단계에서 충분한 배출 감축 효과를 얻기 어려울 수 있음

IMO는 이 두 가지 방안을 2025년까지 채택하고 2027년경 시행하는 것을 목표로 하고 있으며, 이러한 중기조치는 해운업계의 친환경 전환을 가속화할 것으로 예상된다.

EU의 ETS 및 FuelEU Maritime: IMO보다 더 빠르고 강한 규제

유럽연합(EU)은 IMO보다 더 빠르고 강력한 규제를 도입하고 있다. 주요 정책으로는 배출권거래제(ETS)와 FuelEU Maritime이 있다.

1) EU ETS(Emissions Trading System)

EU는 2024년부터 해운 부문을 ETS에 포함시킬 예정으로, 이는 EU 항만에 입출항하는 5,000GT 이상의 선박에 적용된다. 주요 내용은 다음과 같다.

- 2024년: 전체 배출량의 40% 보고 및 배출권 구매
- 2025년: 70%
- 2026년 이후: 100%

이 제도는 선사들에게 상당한 경제적 부담을 줄 것으로 예상되며, 친환경 선박 및 연료로의 전환을 가속화할 것으로 보인다.

2) FuelEU Maritime

이 정책은 2025년부터 시행되며, 선박 연료의 온실가스 집약도를 단계적으로 감축하는 것을 목표로 한다.

- 2025년: 2020년 대비 2% 감축
- 2030년: 6% 감축
- 2035년: 13% 감축
- 2040년: 26% 감축
- 2045년: 59% 감축
- 2050년: 75% 감축

또한, 2030년부터는 정박 중인 컨테이너선과 여객선에 대해 육상전원 사용을 의무화할 예정이다.

이러한 EU의 규제는 IMO의 규제보다 더 빠르고 강력하여, 글로벌 해운업계에 큰 영향을 미칠 것으로 예상된다. 특히 EU 항만을 이용하는 선사들은 이러한 규제에 대비해 선제적 대응이 필요할 것이다.

민간 규제

해운업계의 탈탄소화를 위해 다양한 민간 이니셔티브가 등장하고 있으며, 이들은 정부 규제를 보완하고 업계의 자발적 참여를 유도하고 있다.

1) Poseidon Principles

해사금융 및 보험 업계에서 탄소 배출 선박에 대한 대출을 제한하는 이니셔티브로, 서명 기관들은 자사의 선박 금융 포트폴리오가 IMO의 탈탄소화 목표와 일치하도록 관리하며, 연간 포트폴리오의 탄소 집약도를 평가하고 공개한다. 2023년 기준 30개 이상의 주요 금융기관이 참여하고 있으며, 이를 통해 친환경 선박에 대한 금융 지원이 증가하고 高탄소 배출 선박에 대한 금융 접근성은 감소하고 있다.

2) Cozev(Cargo Owners for Zero Emission Vessels)

주요 화주들이 참여하는 이니셔티브로, 2040년까지 無탄소 선박에만 화물을 실을 것을 목표로 하고 있으며, Amazon, Ikea, Unilever, Michelin 등 글로벌 기업들이 참여하고 있다. 주요 목표로는 2030년까지 해상 운송의 최소 5%를 제로 배출 연료로 전환하고, 2040년까지 100% 제로 배출 해상 운송을 달성하는 것이다. 이는 친환경 해운에 대한 수요를 증가시키고, 선사들에게 친환경 선박 도입을 촉구하는 역할을 한다.

3) Clean Cargo Working Group

컨테이너 선사 간의 GHG 배출량을 비교하는 이니셔티브로, 표준화된 방법론을 통해 컨테이너 운송의 환경성과를 측정 및 보고하며, 업계 평균 배출 데이터를 제공한다. 주요 참여 기업으로는 Maersk, MSC, CMA CGM, HMM 등 글로벌 컨테이너 선사들이 있으며, 이를 통해 친환경 해운 서비스가 촉진되고 화주들의 친환경 선사 선택에 영향을 미치고 있다.

이러한 민간 이니셔티브들은 정부 규제와 함께 해운업계의 脫탄소화를 가속화하는 중요한 역할을 하고 있다. 선사들은 이러한 민간 규제에도 주목하고 대응해야 할 필요가 있다.

2. 다양한 대체연료 전환 필요성

IMO의 2050 넷째로 목표는 해운업계에 큰 변화를 요구하고 있다. 현재 운항 중인 원양항해 선박의 95%는 HFO(Heavy Fuel Oil)를 사용하고 있지만, 2050년까지 넷째로 달성하기 위해서는 암모니아, 수소, SMR(Small Modular Reactor)과 같은 무탄소 연료로의 전환이 필수적이다.

그러나 무탄소 연료의 대량 생산과 기술 개발은 아직 초기 단계이기 때문에, 연료 전환 과정에서 바이오 디젤, LNG, 메탄올과 같은 브리지 연료가 필요하다. 이와 같은 연료 전환 과정에서는 선박의 연령, 항로, 화주 요구 등에 따라 최적의 연료를 선택하는 것이 중요하며, 각 연료의 장·단점도 신중히 고려되어야 한다.

아래 그림에서 보듯 현존선의 2.7%만이 대체연료를 사용하고 있으나 신조의 경우 LNG와 메탄올 추진선 등이 40%까지 급격하게 늘어나고 있는 추세이다. 향후 암모니아와 같은 대체연료도 엔진개발과 독성이라는 문제가 해결되면 사용량이 급격히 늘어날 것으로 보인다.

현존선 대체연료 사용 현황(클락슨 리서치, 2024. 04)

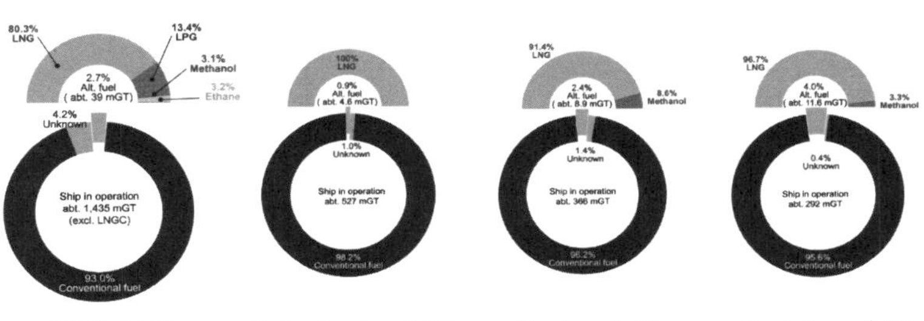

전선종 2.7%　Bulk Carrier 0.9%　Tanker 2.4%　Container 4.0%

신조 오더북 대체연료 사용 현황(클락슨 리서치, 2024. 04)

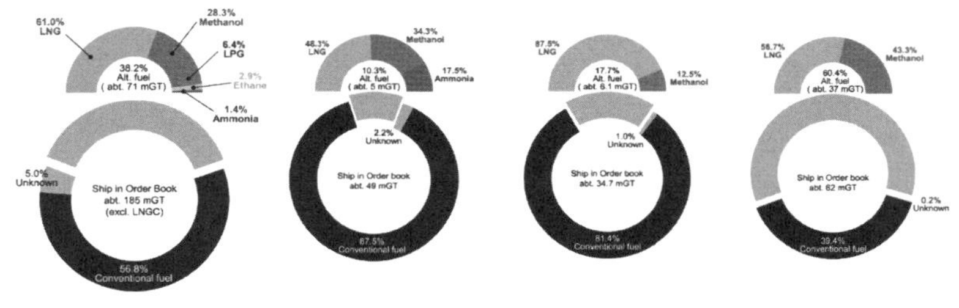

전선종 38.2%　　Bulk Carrier 10.3%　　Tanker 17.7%　　Container 60.4%

바이오 디젤

현존선이나 대체연료 전환 시 CAPEX 부담이 큰 소형선의 경우 바이도 디젤은 가장 합리적인 대체연료이다. 장점으로는 기존 HFO를 사용하는 선박에 retrofit 없이 블렌딩하여 사용할 수 있으며, 기존 인프라를 활용할 수 있다. 온실가스 배출을 줄이는 효과도 있다. 단점으로는 feed stock의 제한으로 인해 생산량이 적고, 높은 가격으로 인해 경제성을 확보하기 어려우며, 식량 생산과의 경쟁 우려도 있다.

바이오 디젤은 기존 선박에 즉시 적용할 수 있다는 장점이 있지만, 대량 생산의 한계와 높은 비용으로 인해 단기적인 해결책에 가깝다.

LNG(Liquefied Natural Gas)

현재 가장 많이 사용되고 있는 대체연료는 LNG이다. 가장 큰 장점은 GHG 감축 효과가 약 25%로 비교적 높은 편이며, 잘 구축된 벙커링 인프라를 통해 안정적인 공급이 가능하다. 상대적으로 다른 대체연료에 비해 에너지 밀도가 높은 장점이 있다. 단점으로써는 메탄 슬립 문제로 인해 미연소 메탄이 배출되는 부분이 있는데 글로벌 엔진제작사에서 이 문제를 해결할 기술을 개발 중으로 성공적인 메탄슬립문제 해결이 중요한 이슈이다. 또한 IMO에서 WellToWake 관점에서 대체연료를 평가하기 시작한다면, 화석연료를 액화하고 운송하는 비용이 상대적으로 비싸서 GHG 감축효과가 줄어들게 된다.

LNG는 현재 가장 널리 사용되는 대체 연료이지만, 장기적인 탈탄소화를 위해 추가적인 기술 개발이 필요하며, 바이오 LNG나 합성 LNG에 대한 생산량이 증가한다면 기존 화석연료에 혼합하여 사용할 수 있어 향후 규제 강화 시 효과적으로 대응할 수 있다.

메탄올

메탄올의 가장 큰 장점은 실온에서 액체 상태로 보관이 가능해 취급이 용이하며, 메탄올 추진 엔진이 상용화되어 있어 지금 당장 실용화 할 수 있다는 점이다. 또한 GHG 감축효과도 바이오 메탄올일 경우 80% 이상이다. 단점으로써는 현재 메탄올 생산량은 매우 부족하며, 고가로 인해 경제성이 낮다. 또한 에너지 밀도가 낮아 기존 HFO 대비 많은 저장 공간이 필요하다.

메탄올은 기술적 준비가 갖춰져 있다는 장점이 있지만, 생산량 부족과 높은 가격이 주요 장애물이다. 최근 컨테이너선사들을 중심으로 급격하게 발주가 증가함으로써 수요가 생산을 이끌고 있는 상황으로 연료공급자의 대량생산 여부가 가장 중요한 이슈이다.

암모니아

암모니아는 대륙에서 대륙으로 수소를 운반할 수단으로 사용될 수 있으며, 이에 따라 향후 대량 생산 가능성이 높다. 이미 미국, 중동, 호주 등에서 블루 암모니아 생산 플랜트를 확충하고 있다. 가장 큰 단점은 독성이 강하고 안전성이 문제가 되며, 현재 엔진 기술도 개발 단계에 있어 안전한 사용을 위해 많은 연구가 필요하다.

독성의 문제는 선사로 하여금 선원의 안전을 위하여 사용을 망설이게 하는 가장 큰 이유 중의 하나이다.

암모니아는 무탄소 연료로써 장기적으로 유망한 대체 연료로 평가받고 있지만, 안전성 문제와 엔진 기술 개발 등 기술적 이슈의 해소가 필요하다.

수소 전기 추진

수소는 완전한 無탄소 연료로, 다양한 방식으로 생산이 가능하며 연료전지 기술과 결합하여 고효율 추진 시스템을 구현할 수 있다. 하지만 에너지 밀도가 매우 낮아 장거리 항해에는 불리하며, 저장 및 운송에 특수한 기술이 요구된다. 현재 생산 및 공급 인프라도 부족하며, 높은 생산 비용이 과제로 남아 있다.

수소는 궁극적인 무탄소 연료로 주목받고 있지만, 기술적 · 경제적 과제가 많아 단기간 내 대규모 도입은 어려울 것으로 보이며 항만이나 연안을 항해하는 선박 위주로 발주가 진행되고 있다.

3. 녹색해운 항로 구축

녹색해운 항로(Green Shipping Corridor)는 특정 항로에서 저탄소 또는 무탄소 선박 운항을 촉진하는 국제 협력 프로젝트이다.

클라이드뱅크 선언과 전 세계 녹색해운 항로

2021년 11월 UN 기후변화협약 당사국 총회(COP26)에서 발표된 클라이드뱅크 선언 이후, 전 세계적으로 44개의 녹색해운 항로가 구축되었거나 계획 중이다. 이는 해운업계의 탈탄소화를 위한 중요한 이정표로 평가되고 있다.

현재 추진 중인 전 세계 녹색해운 항로(글로벌 마리타임 허브)

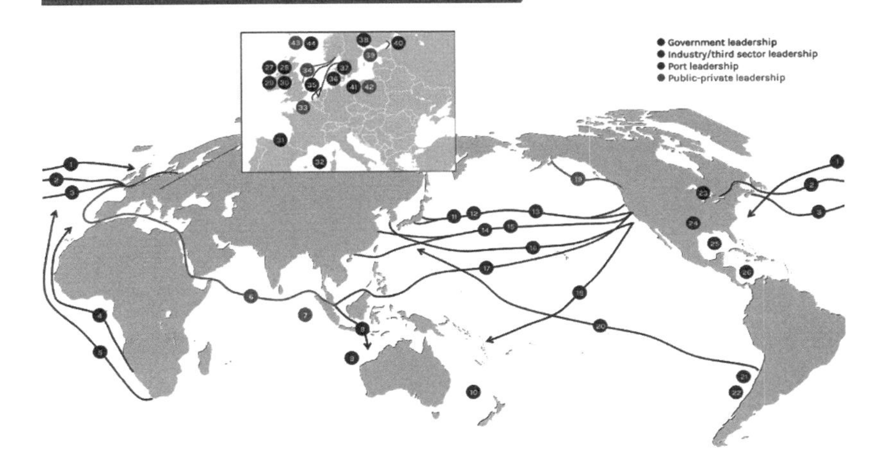

대한민국 정부의 적극적인 참여

대한민국 정부는 녹색해운 항로 구축에 가장 적극적인 국가 중 하나이다. 주요 활동으로는 다음과 같은 계획이 있다.

* 2023년 부산항-타코마항 간 메탄올 추진 컨테이너선 운항 가능성 검토
* 향후 유럽, 아시아, 호주 등으로 녹색해운 항로를 확대할 계획
* 암모니아 등 다양한 대체 연료 도입 검토

녹색해운 항로의 의의와 과제

녹색해운 항로 구축은 해운업의 친환경 전환을 가속화할 중요한 도구이며, 다음과 같은 의의와 과제가 있다.

1) 의 의

- 저탄소/무탄소 해운 기술의 실증 기회를 제공
- 대체 연료 공급 인프라 구축 촉진
- 국제 협력을 통한 해운 탈탄소화 가속화

2) 과 제

- 대체 연료의 안정적 공급 확보
- 경제성 확보를 위한 정책적 지원 필요
- 다양한 이해관계자 간 협력 체계 구축

다만 기존 HFO 대비 매우 고가의 대체연료의 가격차를 어떻게 극복할 것인지가 가장 큰 이슈 중 하나이다. 녹색항로가 활성화되기 위하여 앞서 설명 드린 IMO 중기조치, 화주, 정부 등의 인센티브를 통하여 초기 first mover가 대체연료를 적용할 수 있도록 지원책 마련이 필요하다.

4. 결 론

규제 환경의 변화

IMO, EU, 미국, 그리고 다양한 민간 이니셔티브로 인해 해운업계는 화석 연료에서 바이오 연료, 저탄소 연료, 무탄소 연료 등 친환경 대체 연료로의 전환이 불가피한 상황이다.

대체 연료 선택 시 고려사항

대체 연료 선택 시 가장 중요한 요소는 다음과 같다.

- GHG 저감량
- 대량 생산 가능성

- 합리적이고 안정적인 가격
- 각 항만의 벙커링 인프라

각 선박의 특성과 운항 조건에 따라 종합적인 경제성 분석을 통해 최적의 연료를 선택해야 한다.

녹색해운 항로의 중요성

선사의 친환경 전환과 국내 항만의 경쟁력 유지를 위해 민관 협력 하에 녹색해운 항로 구축이 필요하다. 이는 새로운 기술과 연료의 실증 기회를 제공하고, 관련 인프라 구축을 촉진할 것이다.

추가 고려사항

이 외에도 기타 추가로 고려해야 할 사항은 다음과 같다.

- 연료 절감 장치에 대한 지속적인 연구 및 도입 필요
- 수소 운송 증가에 따른 해운 및 조선 산업의 준비 필요
- 선원 교육 및 안전 관리 체계 구축

향후 전망

해운업계의 탈탄소화는 피할 수 없는 과제이며, 동시에 새로운 기회이기도 하다. 정부, 선사, 조선소, 연료 공급업체, 금융기관 등 모든 이해관계자의 협력이 필요한 상황이다. 기술 혁신, 정책 지원, 그리고 국제 협력을 통해 해운업계는 지속 가능한 미래를 향해 나아갈 수 있을 것이다.

이상으로 해운업계의 친환경 전환에 관한 보고서를 마무리하겠다. 이 보고서가 해운업계의 현황과 과제, 그리고 미래 방향성을 이해하는 데 도움이 되기를 바란다.

제 2 부

AI와 해운·조선

AI 기술의 발전 _ 이상근

자율운항 선박 기술의 상용화 현황 _ 임도형

반도체의 과거, 현재, 미래 _ 정중수

AI 기술의 발전

이상근(고려대학교 정보보호대학원 교수)

1. 서 론

AI의 역사와 발전

AI 기술의 발전은 1950년대에 인간의 지능을 기계에 구현하려는 시도에서 시작되었다. 이후 1980년대에는 뉴럴 네트워크와 전문가 시스템의 등장으로 AI가 제한적이나마 실제 문제 해결에 사용되기 시작하였다. 2000년대 초반까지 AI는 특정 문제에 한정된 규칙 기반 시스템으로 머물렀으나, 2010년대부터 본격화된 머신러닝과 딥러닝 기술은 AI의 응용 영역을 대폭 확대하였다. 2017년에 발표된 트랜스포머(Transformer) 모델은 대규모 데이터 학습을 위한 병렬 연산을 가능하게 하여, 생성형 초거대 AI 기술의 초석이 되었다.

AI로 인한 사회와 산업의 변화

AI는 국방, 모빌리티, 금융, 예술, 교육 등 다양한 분야에 영향을 미치며, 디지털 경제의 핵심 기술로 자리잡고 있다. 특히, 초거대 AI는 고도화된 데이터 분석과 예측 기능을 통해 조직의 효율성을 극대화하고 인간의 창의성 확장을 도와주며, 산업 전반에서 새로운 혁신을 이끌어낼 가능성을 보여주고 있다. AI를 활용한 서비스는

---

* * <바다, 저자와의 대화> 제5라운드 제158강(2024. 6. 1.)에서 발표함.

특히 복잡한 의사 결정 문제에서 인간을 돕고, 반복적인 기술 적용을 자동화함으로써 우리의 생활 전반을 혁신할 것으로 기대된다.

2. 본 론

기계학습과 딥러닝의 현재와 미래

1) 기계학습의 원리와 발전

기계학습(machine learning)은 데이터에서 패턴을 학습하여 예측 및 의사결정을 수행하는 기술이다. 기계학습은 기존의 규칙 기반 의사결정의 한계를 벗어나 데이터로부터 비정형화된 규칙을 자동으로 학습하여 더 정확한 예측을 가능케 한다. 기계학습에는 지도학습(supervised learning), 비지도학습(unsupervised learning), 강화학습(reinforcement learning), 자기지도학습(self-supervised learning) 등의 학습 방식이 있으며, 각각의 방식은 문제의 유형과 목적에 따라 다르게 적용된다.

2) 딥러닝과 신경망 기술의 발전

딥러닝은 기계학습의 한 분야로, 심층 신경망을 이용해 고차원의 데이터로부터 문제 해결을 위한 특징을 자동으로 학습하여 다양한 문제를 해결한다. 특히 이미지 기반 객체 및 음성 인식, 자연어 처리 등에서 높은 성능을 보이며, 자율주행과 같은 첨단 기술에서 활발하게 활용되고 있다. 특히 초거대 심층신경망 모델의 등장으로 딥러닝을 활용한 언어 이해와 생성이 크게 향상되었으며, AI의 응용 가능성이 급격히 증가하였다.

자연어 처리와 언어 모델

1) 트랜스포머 구조

거대언어모델(LLM)의 급속한 발전의 배경에는 2017년 구글에서 개발한 트랜스포머(Transformer) 신경망이 있다. 트랜스포머는 어텐션(attention) 구조와 위치 인코딩이라는 새로운 메커니즘을 사용하는데, 이는 자연어 입력 정보 처리에 있어 GPU 기반 대규모 병렬 연산을 가능케 하였다.

2) 거대언어모델(LLM)

거대언어모델(LLM)은 대규모 텍스트 데이터를 학습하여 언어의 문맥과 구조를 이해하고 이를 바탕으로 텍스트를 생성하는 AI 모델이다. OpenAI의 GPT 시리즈는 트랜스포머 기반의 언어 모델로, GPT-4는 약 1조 개의 파라미터를 학습하여 GPT-3에 비해 향상된 뛰어난 문맥 이해력과 생성 능력을 제공한다. 구글의 PaLM-2는 여러 언어와 수학 연산, 프로그래밍에서 강점을 지니며, AI 서비스와의 접목을 통해 실용성을 높이고 있다.

이들 모델은 질문에 대한 답변 생성, 텍스트 요약, 번역, 코드 생성 등 다양한 언어 관련 작업에서 활용된다. 최근에는 다양한 애플리케이션과 접목하여 대화형 서비스, 맞춤형 추천 시스템 등에서 그 활용이 확대되고 있다.

컴퓨터 비전과 합성곱 신경망

합성곱 신경망(Convolutional Neural Network, CNN)은 컴퓨터 비전 분야에서 이미지 데이터를 분석하고 처리하는 데 효과적인 모델로, 이미지 내의 특징을 추출하고 이를 통해 패턴을 인식한다. CNN은 기본적으로 입력 이미지에 대해 여러 개의 합성곱(convolution)연산을 수행하며, 이를 통해 공간적 구조를 이해하고 특징을 추출하는 방식이다.

1) CNN의 주요 구성 요소

① 합성곱 층(Convolutional Layer): 이미지를 처리하기 위해 필터

(또는 커널)를 활용하여 중요한 패턴을 인식한다.

② **활성화 함수**(Activation Function): 비선형성을 추가해 복잡한 패턴을 학습하도록 한다. ReLU(Rectified Linear Unit)가 주로 사용된다.

③ **풀링 층**(Pooling Layer): 이미지의 크기를 축소해 모델의 계산량을 줄이며, 주요 특징을 유지하면서 과적합을 방지한다. 주로 최대 풀링(max pooling)이 사용된다.

④ **완전 연결 층**(Fully Connected Layer): 최종적으로 추출된 특징을 바탕으로 예측을 수행하며, 분류 등 최종 출력에 사용된다.

2) CNN 기술의 발전

CNN 기술은 당시 미국 AT&T에 재직했으며 2018년 컴퓨터 분야의 노벨상이라 불리는 튜링상 수상자이기도 한 Yann LeCun이 1994년에 제안한 LeNet-5로 본격적인 연구가 시작되었다. LeNet-5는 숫자 인식과 같은 간단한 작업에서 사용되었으며, 당시에는 컴퓨팅 파워의 한계로 인해 이미지 인식의 성능이 제한적이었다. 그러나 2010년대 들어 GPU의 발전과 대규모 데이터셋의 출현으로 CNN은 이미지 인식의 성능을 획기적으로 개선하며 폭넓게 사용되기 시작하였다.

2012년에 등장한 AlexNet은 당시 ILSVRC(ImageNet Large Scale Visual Recognition Challenge) 대회에서 큰 차이로 우승하며 CNN의 가능성을 입증하였다. 이후 VGGNet, GoogLeNet, ResNet 등 다양한 모델이 개발되었으며, 이들은 층 수를 늘리거나 특유의 구조를 도입하여 이미지 인식 성능을 더욱 향상시켰다. 특히 ResNet의 경우, 잔차 연결(skip connection)을 통해 매우 깊은 네트워크 구조에서도 학습이 가능해져 ILSVRC 대회에서 인식 오류율을 대폭 줄이는 데 성공하였다.

3) 컴퓨터 비전 경진대회를 통한 기술 진화

ILSVRC(ImageNet Large Scale Visual Recognition Challenge)는 매년 개최되는 이미지 인식 대회로, 참가자들은 1,000개의 클래스에서 수백만 개의 이미지 중 객체를 분류하는 성능을 겨루었다. CNN 기술의 발전과 함께 매년 우승 모델은 다음과 같다.

① 2012년 – AlexNet

AlexNet은 ILSVRC 대회에서 CNN을 최초로 적용하여 우승하였다. 8개의 계층으로 구성되며, ReLU 활성화 함수와 드롭아웃(dropout) 기법을 도입하여 학습 성능을 극대화하였다. GPU를 활용한 병렬 연산을 통해 학습 시간을 단축하였고, 당시 대비 약 15%의 오류율(AI의 5개의 답변 중 하나만 맞으면 되는 top 5 성능 기준)을 기록하며 큰 차이로 우승하였다.

② 2014년 – VGGNet

VGGNet은 모든 합성곱 층에서 3x3의 작은 필터 크기를 사용하여 층수를 깊게 쌓았다. VGG-16과 VGG-19 모델이 있으며, 층수가 깊어질수록 성능이 향상됨을 보였다. 단순하고 일관된 구조 덕분에 이후 다양한 CNN 모델에서 널리 사용되었으며, 7.3%의 오류율을 기록하였다.

③ 2014년 – GoogLeNet (Inception v1)

구글이 제안한 GoogLeNet은 Inception 모듈을 사용하여 연산 효율성을 크게 높였다. 1x1, 3x3, 5x5 필터 크기를 동시에 사용하여 특징을 추출하고, 중요한 정보를 유지하면서 연산량을 줄였다. 파라미터 수가 VGGNet보다 적지만 높은 성능을 기록하였고, 오류율을 6.7%까지 낮췄다.

④ 2015년 – ResNet (Residual Network)

ResNet은 층이 깊어질수록 발생하는 기울기 소실 문제를 해결하기 위해 잔차 연결을 도입한 모델이다. 이를 통해 최대 152개의 계층을 학습할 수 있었다. 이전 모델들보다 훨씬 깊은 구조에서도 높은 성능을 보였으며, 3.57%의 오류율로 우승하였다. ResNet은 이후 다양한 네트워크 구조에서 영향을 미쳤다.

이처럼 ILSVRC의 우승 모델들은 CNN 기술 발전에 중추적인 역할을 했으며, 해마다 혁신적인 구조와 기법을 통해 컴퓨터 비전 분야의 성능을 극대화하였다. CNN 모델의 발전은 인공지능이 이미지 인식뿐만 아니라 다양한 시각 인식 작업에 적용되도록 하는 데 기여하였다.

4) 컴퓨터 비전의 자율주행, 물류 및 로봇 기반 이동 수단에서의 응용

CNN 등 최신 딥러닝 모델을 기반으로 빠르게 발전한 컴퓨터 비전 기술은 자율주행 차량이 주변 환경을 인식하고 안전한 주행을 하거나, 물류 로봇이 정확한 위치와 경로 파악을 통해 물품을 운반할 수 있도록 하는데 있어 핵심 기술로 자리매김하고 있다. 이러한 딥러닝 기반 컴퓨터 비전 기술은 물류 및 모빌리티 산업의 효율성과 안전성을 높이는 데 크게 기여하리라 기대된다.

디퓨전 기반 영상 생성 모델

디퓨전(diffusion) 모델은 이미지 데이터가 노이즈로 변환되는 과정을 역으로 점진적으로 학습함으로써, 노이즈로부터 조건에 맞는 새로운 데이터를 생성하는 방식으로 작동한다. 디퓨전 모델에는 DDPM(Denoising Diffusion Probabilistic Model), LDM(Latent Diffusion Model) 등이 대표적이다. 이러한 모델은 고해상도 이미지뿐만 아니라 비디오 생성 등에서도 활용되고 있으며, OpenAI의 Sora, Google의

Imagen, Meta의 Make-A-Video 등이 주목받고 있다.

생성형 AI의 활용 분야

생성형 AI는 예술, 디자인, 광고, 교육, 의료 등 다양한 분야에서 혁신적 변화를 이끌어내고 있다. 예를 들어, 생성형 AI는 텍스트-이미지 변환을 통해 상상력과 창의성이 요구되는 광고나 영화 제작에서 활용되고, 교육에서는 학습 자료 생성, 의료에서는 의료 영상 분석 및 보조 진단 도구로 사용된다. 특히, 디자인과 콘텐츠 산업에서는 생성형 AI가 사람의 아이디어를 확장하거나 새로운 시각적 요소를 창출하는 도구로 널리 이용되고 있다.

3. 생성형 AI의 역기능

사이버 공격에서 생성형 AI의 역할

생성형 AI의 높은 언어 이해와 생성 능력을 악용하여 피싱 이메일 작성, 해킹 코드 생성, 자동화된 사이버 공격 시나리오를 생성하는 사례가 증가하고 있다. 예를 들어, ChatGPT는 사용자 요청에 따라 특정 웹사이트의 취약점을 분석하고, 이를 침투하는 방법을 설명할 수 있어, 공격자가 최소한의 지식으로도 효과적인 해킹을 시도할 가능성을 제공한다. 특히, 생성형 AI는 악용될 경우 사회 공학적 해킹(social engineering)을 통해 고도로 정교화된 피싱(phishing) 공격 등을 제작하는데 활용될 위험성이 있다.

생성형 AI 기반 사이버 공격의 주요 사례

① **피싱 공격**: AI가 생성한 문서나 이메일은 기존의 자동화된 피싱 공격보다 훨씬 정교하며, 특정 타깃에 맞춘 개인화된 메시지 작성이 가능하다.

② **악성 코드 생성**: AI가 특정 프로그램 코드의 취약점을 찾고

악성 코드를 생성해 해킹 시도를 돕는 방식으로 사용될 수 있다.

③ **정보 왜곡 및 허위 정보 확산:** 생성형 AI는 대량의 허위 정보를 생산하여 소셜 미디어나 포털 사이트에 확산시켜 여론을 조작하거나, 특정 인물 및 사건에 대한 잘못된 정보를 퍼뜨릴 수 있다.

4. AI 기술의 도전 과제와 윤리적 고려사항

데이터 프라이버시와 보안 문제

1) 데이터 관리와 개인 정보 보호 문제

초거대 AI는 방대한 양의 데이터를 요구하며, 이로 인해 개인정보 보호의 중요성이 커지고 있다. 데이터 수집 및 관리 과정에서 보안 체계와 개인정보보호 규정을 준수하고, 익명화 및 암호화 절차가 필수적이다.

2) 보안성 강화와 정보 누출 방지 대책

최근, 학습된 AI 모델을 불법으로 복제하거나 학습 데이터의 정보를 추출하는 공격이 가능함이 다수의 연구를 통해 알려지고 있다. 따라서 AI 모델 개발 단계부터 이러한 취약점을 분석하고 보완하는 등 AI 모델의 보안성 강화를 위한 조치가 요구된다.

AI와 인간의 역할 분담

1) 직업의 변화와 고용 구조에 미치는 영향

AI가 단순 노동을 대체하면서 일부 직종에서의 인력 수요가 감소할 가능성이 높으나, AI와 인간이 협업할 수 있는 새로운 직업군이 창출될 가능성도 크다. 따라서 고용 시장의 변화에 대한 준비가 필요하다.

2) 인간-기계 협업의 윤리적 고찰

AI가 특정 업무에서 의사결정을 할 때 윤리적 기준을 적용하고, 인간의 통제가 가능한 시스템을 마련하여 사회적 신뢰를 구축할 필요가 있다.

AI의 투명성과 공정성 문제

1) 알고리즘의 투명성 확보 방안

AI의 의사결정 과정을 설명하고, 의사결정의 배경을 투명하게 공개하는 것이 중요하다. 이를 통해 AI의 신뢰성을 확보할 수 있으며, 데이터 편향성을 해소하기 위한 정기적인 검토가 필요하다.

2) 공정한 AI를 위한 편향 문제 해결 방안

AI가 편향되지 않도록 설계하고, 다양한 출처의 데이터를 학습하여 편향성을 최소화할 필요가 있다. 이를 위해 AI의 결정 과정과 결과를 지속적으로 평가하는 체계가 요구된다.

5. AI 모델 자체에 대한 공격 기법과 대응

회피 공격(Evasion Attack)

회피 공격은 AI 모델이 특정 입력 데이터를 올바르게 인식하지 못하게 하는 공격 방식이다. 예를 들어, 자율주행차의 비전 모델이 교통 표지를 잘못 인식하도록 하여 차량의 잘못된 반응을 유도할 수 있다. 이러한 공격은 물리적 환경에서도 가능하여 실제 표지판에 작은 스티커를 부착함으로써 AI가 신호를 오인하게 할 수 있다.

백도어 공격(Backdoor Attack)

백도어 공격은 모델 학습 중 특정 패턴을 학습하게 만들어 이를 트리거로 삼아 공격자가 원하는 결과를 유도하는 방식이다. 자율주행 모델의 경우, 특정 조건에서 AI가 표지판을 잘못 인식하게 할 수 있으며, 이는 자율 주행 자동차의 안전을 크게 위협할 수 있다. 예를 들어, 특정 스티커가 부착된 표지판을 다른 표지판으로 인식하게 하여 모델의 신뢰성을 떨어뜨린다.

모델 복제 공격(Model Extraction Attack)

모델 복제 공격은 클라우드 기반 AI 모델에 대한 접근을 통해 공격자가 모델의 기능을 모방하거나 복제하는 방식이다. 서비스에 질의 · 응답을 반복하며 모델의 학습 파라미터와 동작 원리를 유추하여 공격자는 유사한 모델을 생성할 수 있으며, 이를 통해 모델의 기능을 복제하거나 악의적으로 활용할 수 있다.

학습 데이터 추출 공격(Data Extraction Attack)

학습 데이터 추출 공격은 모델이 학습한 데이터의 일부를 복원하거나 추출하여 개인 정보나 민감한 정보를 유출시키는 공격이다. 특히 언어 모델의 경우, 학습 데이터에서 얻은 정보를 기반으로 이름, 연락처 등 민감한 데이터를 추출할 수 있다는 연구가 있다. 이로 인해 AI 모델의 학습 데이터 보안이 중요한 문제로 대두되고 있다.

6. 설명 가능한 인공지능(XAI)

XAI의 필요성

설명 가능한 인공지능(XAI, eXplainable AI)은 AI의 의사결정 과정을 명확히 설명하고자 하는 기술이다. 기존의 AI 모델은 결과를 제공하지만 그 과정이 불투명하여 중요한 의사결정에 사용되기 어렵다. XAI는 AI의 의사결정 원리를 이해하고 신뢰할 수 있도록 해주며, 이를 통해 AI가 실생활에 더욱 안전하게 적용될 수 있다.

XAI의 구성 요소와 발전 방향

XAI는 AI 모델의 설명력을 높이기 위한 세 가지 구성 요소를 포함한다.

① **새로운 설명 가능한 모델 개발:** AI의 예측 결과와 그 과정에 대한 설명을 동시에 제공할 수 있는 새로운 모델을 개발한다.

② **기존 모델의 설명력 강화:** 기계학습 모델에 대한 투명성을 높이기 위해 다양한 설명 기법을 도입하여 모델의 신뢰성을 높인다.

③ **설명 추출 기법:** 복잡한 모델이 제공하는 예측 결과에 대해 모델 내부의 기여도나 영향을 분석하여 인간이 이해할 수 있는 방식으로 설명을 제공한다.

XAI의 응용과 기대 효과

XAI는 자율 주행 자동차, 금융 시스템, 의료진단 등 다양한 분야에서 사용되며, 특히 높은 정확성과 신뢰도가 요구되는 상황에서 의사결정 과정에 대한 설명을 제공하여 AI에 대한 신뢰를 높인다. AI 모델이 언제, 어떻게 오류를 범할 수 있는지 설명함으로써, AI 시스템을 실생활에 안전하게 통합할 수 있게 한다.

7. 결론: AI 기술의 미래와 준비 전략

AI 기술은 학습에 활용할 수 있는 데이터의 지속적 증가와 GPU 등 계산 하드웨어의 발전, 효율적 AI 학습을 위한 R&D 투자가 맞물려 앞으로도 급속히 발전하리라 기대된다. 이러한 미래사회에서 우리가 경쟁력을 가지기 위해서는 AI 기초 교육의 강화와 우리나라가 특장점을 가질 수 있는 새로운 AI 적용 분야의 발굴이 필수적이다.

미래 세대를 위한 AI 교육과 역량 개발

1) AI 기초 교육의 필요성

AI의 수학적 원리와 활용 방법을 포함한 교육이 중요하다. 초중등 과정에서는 AI 기초 교육이 제공되고, 대학에서는 고급 AI 연구를 위한 환경이 마련될 필요가 있다. 이를 통해 미래 세대가 AI 활용 능력을 갖추도록 지원해야 한다.

2) AI 교육에 대한 지속적 정책 입안과 투자

AI 인재 양성을 위한 정부의 투자와 정책이 필수적이다. 글로벌 경쟁력을 위해 AI 교육과 연구 지원이 꾸준히 이루어져야 하며, 이를 통해 한국의 AI 분야 국제 경쟁력을 높일 수 있다.

[참고 문헌]

이상근, "자율주행 차량 인공지능 보안 취약점 사례 및 극복 기술 동향", 한국정보통신기술협회 기고문, 2022.

이상근, "초거대 AI 시대, 우리의 R&D 경쟁력 강화를 위한 방안", TTA 저널 207호, 2023.

이상근, "쿼리 기반 복제 공격에 강건한 인공지능 모델 연구", 정보과학회지, vol. 40, no. 11, pp. 23~29, 2022.11.

Ethics Guidelines for Trustworthy AI, European Commission, 2019.

Explainable Artificial Intelligence(XAI), DARPA.

Language Models are Few-Shot Learners, OpenAI, 2020.

The secret history of Elon Musk, Sam Altman, and OpenAI, 2023.

자율운항 선박 기술의 상용화 현황

임도형(HD현대 아비커스)

1. 서　론

자율 주행 자동차 기술의 상용화 현황을 보면, 레벨 2 이하의 자율 주행 기술은 안전성과 편의성 측면에서 충분한 가치를 제공하는 성숙한 기술로 검증되어, 오늘날 거의 모든 신차에 탑재되고 있다. 그 중 테슬라는 자율주행 하드웨어(HW)와 소프트웨어(SW)에서 독보적인 기술력을 자랑하며, 이 기술 덕분에 전 세계 시가총액 1위라는 높은 시장 가치를 평가받고 있다. 그럼에도 불구하고, 테슬라의 자율주행 기술 역시 여전히 레벨 2에 머물러 있으며, 레벨 3 이상의 자율주행차가 상용화되기까지는 기술적 완성도, 제조물 책임, 소비자 인식 등의 문제로 인해 시간이 더 걸릴 것으로 보인다.

이러한 자율주행자동차 기술에서 얻을 수 있는 인사이트는 자율운항 선박 개발에도 적용될 수 있다. AI 기술과 센서 기술의 발전으로 자율기술은 선박, 로봇, 도심 항공 모빌리티(UAM) 등 다양한 분야로 빠르게 확장되고 있다. 자동차 분야의 자율기술 상용화는 약 20년이 걸렸지만, 자율운항 선박 기술은 이미 검증된 기술과 빠르게 발전하는 AI 기술을 바탕으로 자동차보다 훨씬 빠르게 상용화될 가능성이 크다.

---

* <바다, 저자와의 대화> 제5라운드 제165강(2024. 9. 7.)에서 발표함.

하지만, 처음부터 높은 자율도를 추구하는 것은 오히려 상용화 시점을 늦출 수 있다. 레벨 3 이상의 자율운항 선박이 상용화되기 위해서는 기술적 완성도, 경제성, 관련 법규, 보험, 제조물 책임, 이해관계자들의 수용 등 다양한 문제를 해결해야 하므로 시간이 필요할 것이다. [그림 1]에서 보는 바와 같이 향후 20년 이내의 대부분의 선박은 여전히 사람이 항해할 것으로 예상되며, 일부 특수 목적선의 경우에 한해 무인 선박이 운용될 것으로 IALA는 예측하고 있다. 따라서 조선해운 업계의 자율운항 솔루션 개발 및 도입전략은 레벨 2 이하의 항해보조시스템을 조기에 상용화하여 경험과 기술을 축적한 후, 점진적으로 자율도를 높여가는 방향이 적절하다고 판단된다.

[그림 1] 자율운항 선박의 상용화 방향 전망

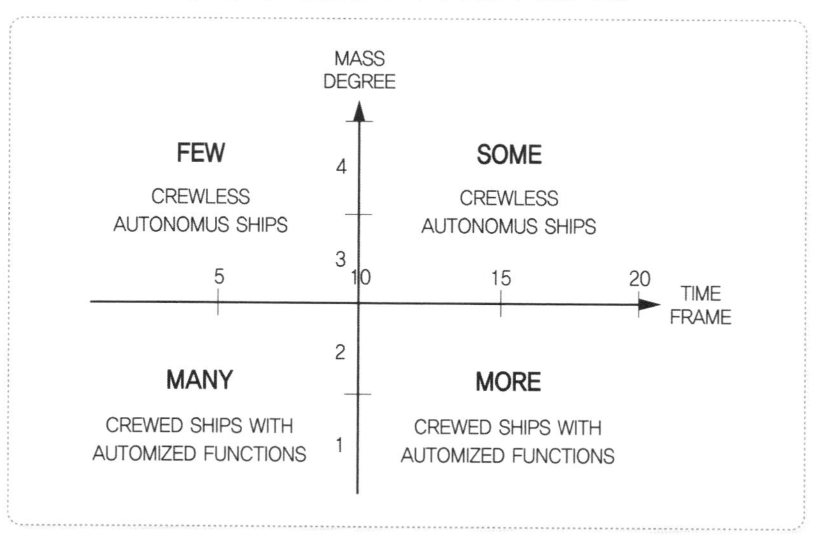

Source: IALA Report 2024.

2. 자율운항 선박 기술의 필요성과 시장동향

자율운항 선박의 필요성은 안전, 편의, 선원 대체, 운항효율, 친환경 대책 등의 관점에서 논의가 되고 있다. 우선 선원 부족에 대한 솔루션으로서의 선박 자율기술에 대해 살펴보면, 향후 5년 이내에 약 15만 명의 선원이 부족할 것으로 예상되며, 이는 전 세계적으로 필요한 선원 수의 20%에 해당한다. 특히 하급 선원 30%를 공급하는 필리핀에서는 해사학교 지원자의 1/3이 부족한 상황이라고 하며, 일본 내항선의 경우, 50세 이상의 선원이 50% 이상을 차지하고 있고, 60세 이상이 30%를 차지하는 등 선박의 자동화와 자율화는 선택이 아닌 필수 사항이 된다. 즉 현재 20~30명의 인원이 승선하는 대형상선의 경우 훨씬 적은 인원으로 운영할 수 있도록 자율화, 자동화 시스템의 도입이 필수적일 것으로 예측된다.

해상사고의 약 80%는 인적 과실로 인해 발생하며, 최근 몇 년간 발생한 대형 사고들은 그 심각성을 보여준다. 예를 들어, 2021년 수에즈운하 사고는 하루에 약 1조 원의 손실을 초래했고, 2024년 볼티모어 사고는 4~5조 원의 손실을 가져왔다. 이처럼 해상사고는 큰 재정적 손실과 함께 심각한 해양 오염을 유발하기 때문에, 인적 과실을 줄일 수 있는 신뢰성 높은 자율운항 기술의 필요성이 강조되고 있다.

또한, 해상 운송은 운송 분야에서 온실가스 배출의 13%를 차지하고 있다. 이를 해결하기 위해 IMO(국제해사기구)는 2030년까지 탄소 배출량을 40% 줄이는 규제를 시행하고 있으며, 2024년부터는 탄소 집약도(CII) 등급을 충족하지 못하는 선박은 운항이 제한되고, EU-ETS(탄소 배출 거래제) 발효로 탄소세가 부과된다. 다양한 친환경 솔루션 중 자율운항을 통한 최적 항해는 비용 대비 효과가 좋은 친환경 솔루션으로 떠오르고 있다.

이러한 배경에서 선원의 부족, 인적 과실 방지에 따른 안전성 강화, 그리고 운항 효율성의 필요성은 선박의 자동화 및 자율화를 시대적 요구로 만들고 있다. 자율운항 기술의 도입은 조선해양 분야에서 생존을 위한 필수 요소로 자리잡을 것으로 예상된다.

따라서 자율운항 선박 시장은 연평균 10%의 성장률을 보이며 2030년에는 시장 규모가 약 40조 원에 이를 것으로 전망된다. 자율운항 선박의 상용화는 2020년 이후 본격화되었으며, 자율자동차의 상용화가 2000년도 초반에 시작된 것을 감안하면 자율차 산업보다 약 20년 정도 뒤처진 상황이다.

[그림 2] 자율운항 선박 기술의 역사

현재, 우리나라를 비롯한 유럽, 일본, 중국, 미국 등 주요 국가들은 자율운항 선박 시장과 표준 선점을 위해 치열하게 경쟁하고 있다. 유럽은 항해 기자재 업체들과 정부가 협력하여 기술 개발과 표준 설정을 주도하고 있으며, 일본은 상선 분야에서의 항해 기자재 리더십을 바탕으로 MEGURI2040 프로젝트라는 정부 주도 자율운항 프로젝트를 통해 실증 기반 표준 선점을 목표로 하고 있다. 미국과 중국은 군사 분야에서 해상 무인 드론 기술의 강자로 자리 잡고 있으며, 이들 국가는 주로 스타트업이 기술 개발을 주도하고 있다. 이

외에도 러시아, 인도 등 여러 국가도 자율운항 기술과 표준 선점을 위해 지속적인 실증 작업을 진행 중이다. 한국은 주로 조선 3사가 자율운항 기술을 주도하고 있으며, 정부는 국책 과제를 통해 기술 및 인력 지원을 하고 있다. 그러나 조선 해운산업의 미래 경쟁력을 확보하기 위해서는 자율운항 기술과 표준을 선점할 수 있도록 정부의 보다 실질적이고 강력한 지원이 요구된다.

3. 자율운항 선박 솔루션

HD현대그룹의 자율운항 자회사인 아비커스는 항해 전문 회사로서 조선소의 선박동역학, 경로계획, 충돌회피 기술에 인공지반 인지기술을 바탕으로 2021년부터 자율운항 솔루션을 개발하였고 상선용 자율운항솔루션 HiNAS와 보트용 자율운항솔루션 NEUBOAT를 상용화하였다.

HiNAS는 항해를 위하여 인지, 판단, 제어를 담당하지만 자동차 ADAS와 마찬가지로 레벨 2의 자율항해시스템이기 때문에 제어의 권한은 항해사가 갖는 일종의 항해보조시스템이다. HiNAS의 구성은 [그림 3]과 같다. HiNAS는 각 선급 기관과 기국으로부터 인증을 받았다. 특히, DNV의 개정된 자율운항 가이드라인에 따라 세계 최초로 형식 승인을 진행 중이며, 2024년 말까지 완료될 예정이다.

[그림 3] 선박 항해보조시스템 HiNAS의 구성

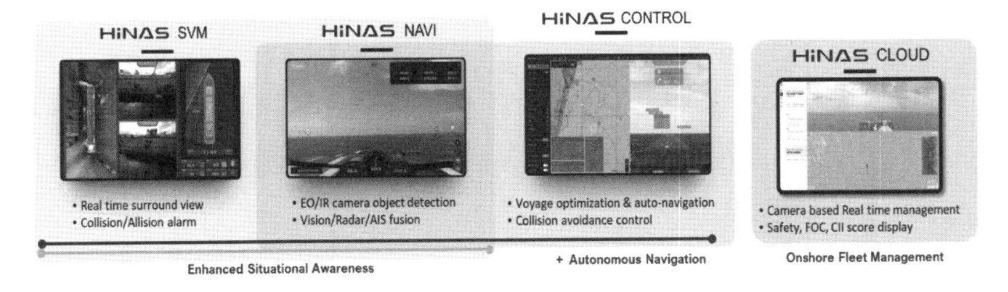

기능 정의

자율 항법 시스템의 기능 범위는 '모니터링-계획-인식-결정-제어'로 정의되며, 이는 제한된 작동 범위 내에서 이루어진다. 각 기능의 세부 내용은 다음과 같다.

- 모니터링: 비디오 스트리밍과 지리 정보를 통해 항해 상태를 모니터링 한다.
- 계획: 항로 계획을 수행하며, 시스템은 ECDIS나 다른 항로 계획 모듈에서 해당 계획을 받아들인다.
- 인식: 비전, AIS, 레이더 및 ENC를 사용하여 위험 대상을 인식한다.
- 결정: 인식된 대상을 위험 여부에 따라 판단하고, 충돌 회피 방향을 결정한다. 위험이 없으면 계획된 항로와 속도를 유지한다.
- 제어: 자동 조타 장치와 교량 조작 시스템(BMS)에 명령을 입력하여 항로 추적과 충돌 회피를 수행한다. 이는 자동 모드와 충돌 회피 모드에서 이루어진다.

여기서 '제어'는 러더나 메인 엔진을 직접 조작하는 것이 아니라, 인간이 내리는 명령을 대신하여 각 제어 장치에 적절한 명령을 할당하는 것을 의미한다. 즉, 선박의 법정 장비인 Autopilot과 BMS를 활용한 제어가 이루어진다.

시스템 작동 모드

자율 항법 시스템(ANS)은 '모니터링 모드', '추천 모드', '자동 운항 모드', '충돌 회피(CA) 모드'의 네 가지 작동 모드를 가진다.

1) 모니터링 모드

시스템이 초기 작동을 시작할 때 활성화되며, 센서 데이터와 항해 상태를 모니터링 한다. 경고가 발생하거나 시스템이 작동 범위를 벗어나면 이 모드로 돌아간다.

2) 추천 모드

사용자가 버튼을 눌러 활성화할 수 있으며, 충돌 회피 전략(방향 또는 속도)을 제안하지만, 자동 조타 장치나 BMS에 직접 제어 권한은 없다.

3) 자동 운항 모드

경고가 없고 시스템이 작동 범위 내에 있을 때만 활성화된다. 계획된 항로와 속도를 따라 자율 항해를 수행한다.

4) 충돌 회피 모드(CA 모드)

자동 모드에 충돌 회피 기능을 추가로 활성화한다. 경고가 발생하지 않으면 자동 모드로 복귀하고, 그렇지 않으면 모니터링 모드로 전환된다.

시스템 구성 및 인터페이스

선박 항해는 레이더, AIS 센서, 카메라 등 다양한 센서 시스템의 융합을 기반으로 한 상황인지를 기반으로 이루어진다. 자율 항해 시스템은 이러한 인지 시스템 이외에도 의사 결정, 제어 기능을 위한 AI나 자동화 시스템이 필요하며, 경로계획과 실행을 위해 ECDIS와의 연동이 필수적이다. 또한 제어명령의 실행을 위해 자동으로 타각을 제어할 수 있는 Autopilot, 엔진 속도를 제어할 수 있는 BMS와의 연동도 필수적이다.

4. 자율운항 시스템의 주요 기능

자율운항시스템의 주요 기능으로는 전방 및 주변 통합 상황 인지, 충돌 경고 및 회피 제어, 그리고 항로 계획 및 실행이 있다.

전방 상황 인지 기능

지도와 카메라에 표시된 목표물 정보는 AIS, 레이더, EO(전자 광학) 및 IR(적외선) 카메라와 같은 시각 기반 감지 정보를 통합하여 제공된다. 그러나 각 센서는 고유한 한계를 가진다. AIS는 업데이트 주기가 최소 10초 이상이므로 실시간 성능이 부족하며, 작은 보트에 대한 정보 제공에 제약이 있다. 레이더는 주파수와 날씨 조건에 따라 정보가 달라지며, 근거리 감지에 한계가 있다.

이러한 한계를 보완하기 위해 카메라 센서가 사용되지만, 카메라도 환경적 제약과 짧은 최대 감지 범위 등 단점이 있다. 각 센서의 강점과 약점을 보완하기 위해 센서 융합 기술이 중요하며, 이를 통해 감지된 정보의 안정성과 신뢰성을 높여 상황 인식을 강화할 수 있다.

따라서 센서 융합 기술은 자율 항법과 충돌 회피를 위해 필수적이며, 선원들이 충돌 위험을 평가하고 전반적인 안전성을 높이는 데 중요한 기반이 된다.

[그림 4] 통합 상황 인지를 위한 센서융합 기술

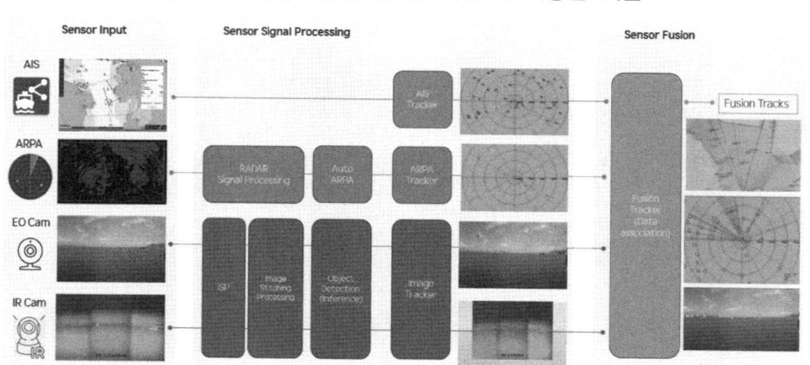

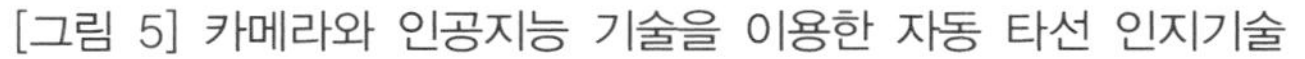
[그림 5] 카메라와 인공지능 기술을 이용한 자동 타선 인지기술

[그림 6] AIS로 탐지가 불가능한 선박을 HiNAS로 탐지한 사례

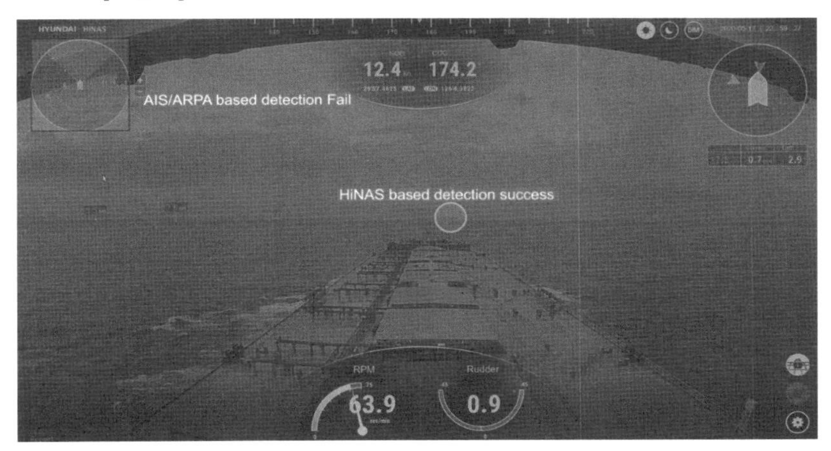

카메라와 인공지능 기반의 타선 인지 기술은 견시의 핵심 요소로 작용하며, 이 기술이 높은 성능을 발휘하기 위하여 다양한 환경에서 수집된 해상 데이터가 충분히 필요하다. [그림 6]에서는 AIS로 탐지할 수 없는 선박을 HiNAS가 탐지한 사례를 통하여, 센서 융합 기반 상황 인식의 중요성을 보여주고 있다.

선박 주변 모니터링 기능

HiNAS SVM은 실시간 360도 뷰를 제공하여 선박 주변 환경을 한눈에 모니터링 할 수 있으며, 특히 운하 통과, 좁은 수로 항해, 접안 및 출항과 같은 상황에서 유용하게 사용된다. 또한, 자동 주변 견시를 통해 무장 강도, 밀항자, 밀수 등의 잠재적 위험을 사전에 감지하고 예방할 수 있다.

한국 선주사의 실제 응용 사례로, HiNAS SVM을 통해 싱가폴 근처에서 밀항 시도를 사전에 발견하였고, 그물 손상이나 타 선박 충돌 관련 증거로 SVM에서 기록된 영상을 활용된 바 있다. 이 시스템은 휴대용 장치를 이용해 선박 어디서든 모니터링 할 수 있으며, 이를 통해 선박 운영의 안전성과 편리성을 크게 향상시킬 것으로 기대된다.

[그림 7] 선박 Surround view 시스템의 구현 예

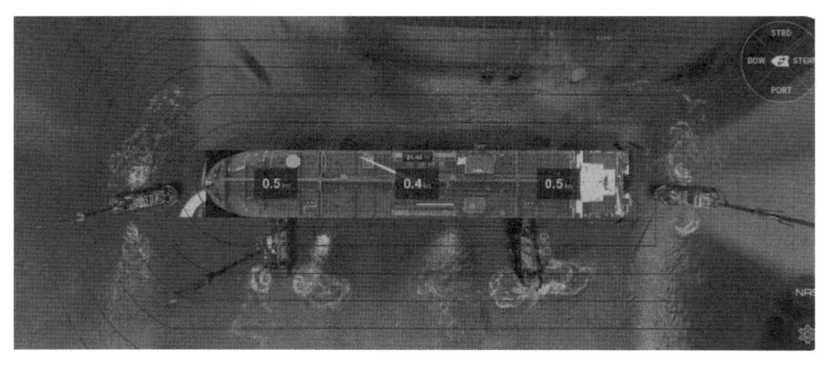

[그림 8] 선박 Surround view system의 활용 사례

Real-time detection of stowaways on PCTCs using SVM

Prove the absence of responsibility for fishing net damage based on SVM video

Identified the vessel that damaged own ship by analyzing SVM video

최적 항로 계획, 실행 및 충돌회피 기능

[그림 9] HiNAS Control 사용자 화면

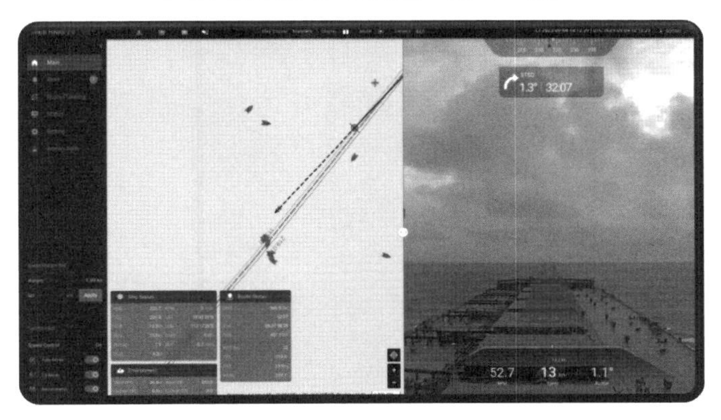

HiNAS Control은 자율 항법 시스템으로, 선박이 안전하고 경제적으로 항해할 수 있도록 돕는 데 중점을 두고 있다. 이 시스템은 기상 정보와 선박의 역학을 종합적으로 고려하여 최적의 항로와 속도를 제공하며, 이를 통하여 선박의 효율적인 항해를 지원한다. HiNAS Control은 AutoPilot과 BMS를 통하여 선박을 제어한다. 자동 조타 장치는 선박의 방향을 자동으로 제어하여 항로를 정확히 추적하고, 충돌을 방지할 수 있도록 한다. 또한, BMS는 메인 엔진 속도를 자동으로 관리하여 선박의 속도를 효율적으로 조정한다. 이러한 통합 시스템을 통해 HiNAS는 승무원의 개입을 최소화하면서 선박의 항로와 속도를 자동으로 조정하여, 보다 안전하고 효율적인 항해를 가능하게 한다.

[그림 10] HiNAS Control 실증 테스트 결과

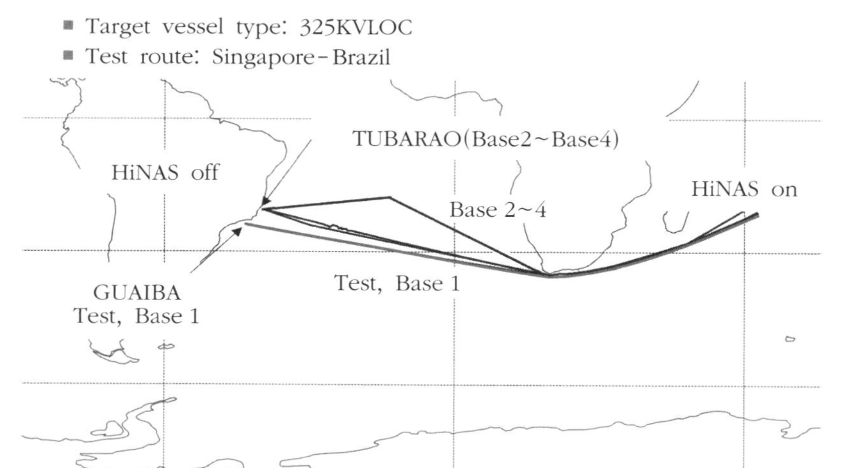

Operation Mode	Category	FOC saving*
Auto(HiNAS on)	Test	-
Manual(HiNAS off)	Base 1	13.9%
	Base 2	12.5%
	Base 3	16.8%
	Base 4	24.8%

* Fuel of Consumption Saving(%) = (FOC_Base-FOC_Test)/FOC_Test

HiNAS Control을 브라질과 중국 간을 운항하는 325k VLOC(초대형 광석 운반선)에 설치하고, 자율 항법과 전통적인 인간이 조작하는 항법을 비교하였다. 한 달간의 항해 동안, 선박은 날씨 업데이트를 제외하고는 거의 인간의 개입 없이 자율로 운항할 수 있었다. 항해에 참여하였던 항해사들로부터 HiNAS는 예상도착시간(ETA)을 만족하면서도 안전성과 편리성을 보장하여 매우 유용하다는 피드백

을 받을 수 있었다. 또한, HiNAS가 기존의 인간 항해 방식에 비하여, 운항 속도에 맞춘 측정 데이터와 시뮬레이션 기반 방법을 적용하였을 때, 운항 조건에 따라 5%에서 25%까지 연료 절감 효과가 있음을 확인할 수 있었다. 만약 5%의 연료 절감이 가능하다고 가정하면, 15k 컨테이너 운반선 기준(DFOC 135톤, 200일 사용 가정)으로, 연간 약 80만 달러의 연료 절감이 가능하며, EU ETS에 따른 탄소세 절감도 10만 유로가 가능하다. 또한 CII 등급이 1등급 상승할 수 있어, 비용 절감뿐만 아니라 환경 규제 대응에도 효과적으로 대처할 수 있음을 알 수 있다.

영상기반 실시간 육상 선대관리 기능

[그림 11] 실시간 영상기반의 선단관리 시스템 HiNAS Cloud

HiNAS Cloud는 2025년 출시 예정인 실시간 영상기반의 육상 선단 관리 솔루션으로, 어디서든 실시간으로 선박의 상태를 모니터링하고 관리할 수 있도록 설계되었다. 이 시스템은 실시간 전방 파노라마 화면과 Top view화면뿐만 아니라, 선박의 안전성, 연료 소비, 온실가스 배출량(GHG)을 포함한 다양한 데이터를 실시간으로 제공하여, 더욱 안전하고 효율적인 운항을 가능하게 한다.

주요 기능 중 하나는 Fleet Dashboard로, 전체 선단의 상태를 한눈에 확인할 수 있는 대시보드를 제공한다. 이를 통하여 안전 점수, 연료 소비량, 예상 도착 시간(ETA) 등의 지표를 실시간으로 관리할 수 있다. Vessel Monitoring 기능을 통하여 선박의 현재 위치와 운항 상태를 추적할 수 있으며, Video recording & replay 기능을 통하여 과거 항해 기록이나 중요한 사건을 다시 재생 하여 분석할 수 있다. 이러한 기능들은 선박의 운항을 더욱 체계적이고 효율적으로 관리할 수 있게 하며, 지속적으로 운영비용을 절감하고 환경 친화적인 해운업을 지원하는 데 기여할 것이다.

5. 자율운항 기술의 효과 및 전망

현재까지 600개 이상의 HiNAS 시스템이 수주되었고 100개 이상 선박에 탑재되어 안전, 편의, 경제성, 친환경 측면에서 유용성이 검증되었다. 테스트 결과, 최적운항을 통하여 연료를 5~15% 절감할 수 있는 것으로 확인되었으며, 이는 연료비 절감, EU-ETS 탄소세 절감, 탄소 집약도 지수 감소를 통하여 선박 수명 연장 측면에서 자율운항 기술이 현시점에서 가장 CAPEX/OPEX 경쟁력 있는 친환경 솔루션으로 평가될 수 있다.

안전한 항해 측면에서는 HiNAS가 향상된 상황 인식을 통해 인간 오류를 줄여주고, 충돌 및 좌초 방지를 위한 의사 결정을 지원한다. 360도 전 방위 감시 시스템으로 해적이나 기타 위험 요소를 감지하며, 사건을 기록하여 보험 청구나 선원 교육에 활용할 수 있다. 편리한 항해에서는 HiNAS가 자율적으로 경로를 추적하고 충돌을 회피할 수 있으며, 매일 한 번의 클릭으로 30일 동안 인간 개입 없이 항해할 수 있어 승무원의 편의를 증대시키며, 이로 인해 HiNAS 탑재 선박에 대한 선호도가 높아지고 있다. 경제적 항해 부문에서 HiNAS는 선박의 동역학, 날씨, 도착 예정 시간(ETA)을 고려해 항로를 최적화하고, 속도와 조타를 자동으로 제어하여 연료비용을 절감할 수 있다. 검증 테스트에서는 연료 소비를 5~15%까지 절감할 수 있었으며, 승무원 수를 줄이는 데에도 기여할 가능성이 있다. 마지막으로, 지속 가능한 항해를 위하여 HiNAS는 연료와 에너지 소비를 최적화하고 배출 규제를 준수할 수 있도록 지원한다. 이는 CII 및 EEXI 등급을 향상시키는 데 기여하며, 연간 50,000~100,000유로에 달하는 EU-ETS 비용 절감 효과도 기대할 수 있다.

본 글에서는 인지-판단-제어를 시스템이 수행하지만 항해사가 책임을 지는 낮은 자율레벨의 자율운항솔루션 혹은 항해보조솔루션인 HiNAS의 상용화 현황에 대해 살펴보았다. HiNAS는 비록 낮은 자율레벨의 자율운항 솔루션이지만, 안전성, 편리성, 경제적 효율성, 그리고 지속 가능성을 모두 강화할 수 있는 강력한 도구다. 기술 발전에 따라 자율운항 수준이 높아지면 고객의 가치는 더욱 증대될 것으로 예상된다.

반도체의 과거, 현재, 미래

정중수(국립안동대학교 공과대학 명예교수)

1. 반도체의 기본 원리

반도체란 전기가 흐르는 도체(예: 금속)와 전기가 흐르지 않는 절연체(예: 고무)의 중간 성질을 가진 물질이다. 온도, 전압, 광 등의 외부 요인에 따라 전기 전도성이 변할 수 있다. 반도체의 작동 원리는 전자의 이동을 조절하여 전기 신호를 처리하거나 증폭한다. 또 이를 통해 전기회로 내에서 스위치 역할을 하거나 데이터를 저장 및 제어한다. 반도체는 전자기기에서 필수적인 요소로 사용된다. 대표적인 재료로는 실리콘(Si)이다.

반도체는 주로 트랜지스터, 다이오드, IC(Integrated Circuit: 집적회로)와 같은 전자 부품에 사용되어 컴퓨터, 스마트폰 등 다양한 전자기기의 핵심 부품이다.

이렇게 간단해 보이는 반도체가 오늘날 세상을 엄청나게 변화시키고 있다. 정보의 쌀이라 한다. 세계는 이러한 반도체 기술 확보를 총칼 없는 전쟁에 비유한다. 이것이 없으면 세상에 뒤지고 마치 식민지의 노예가 되어버린다. 오늘날 세상은 모든 것이 반도체에서 출발하여 컴퓨터 시스템, 소프트웨어와 융합하면서 얽기는 형태를 이룬다.

---

* <바다, 저자와의 대화> 제5라운드 제166강(2024. 9. 21.)에서 발표함.

2. 반도체의 종류

메모리 반도체

메모리 반도체는 데이터를 저장하고 읽는 기능을 수행한다. 현대 전자기기에서 매우 중요한 역할을 한다. 메모리 반도체는 컴퓨터, 스마트폰, 서버 등에서 데이터를 처리하고 보관하는 데 사용된다.

① RAM(Random Access Memory): 동적 램(Dynamic RAM)이 주로 사용된다. 컴퓨터, 스마트폰, 서버 등에서 작업 중인 데이터를 임시로 저장하는 역할을 한다. 플래시 메모리(NAND, NOR)는 대용량 데이터를 저장하고 전원이 꺼져도 데이터를 유지한다. 스마트폰의 내부 저장소, SSD, USB 드라이브, 메모리 카드 등이 그 예이다. 메모리 반도체는 정보 저장과 처리에서 핵심적인 역할을 한다. 또 다양한 분야에서 요구되는 성능과 용량에 맞게 발전하고 있다.

② DDR(Double Data Rate): 동적 램(DRAM)의 일종으로, 한 번의 클럭 신호에서 두 번의 데이터를 전송할 수 있는 메모리 기술이다. 이는 기존의 SDR(Single Data Rate) 메모리와 비교하여 두 배의 데이터 전송 속도를 제공하며, 컴퓨터나 서버, 모바일 기기에서 주로 사용된다. DDR 메모리는 시간이 지나면서 발전하여 왔으며, 각 세대마다 성능과 용량이 향상되었다. 현재 DDR5까지 출시되었다.

③ HBM(High Bandwidth Memory): 고성능 컴퓨팅을 위해 개발된 고대역폭 메모리 기술로, 그래픽 카드, 슈퍼컴퓨터, AI, 머신 러닝 등의 응용 분야에서 사용된다. 기존의 DDR 메모리보다 더 높은 데이터 처리 속도와 에너지 효율을 제공한다. HBM은 여러 개의 메모리 다이를 수직으로 쌓아 3D 스택 구조로 설계되어 메모리의 밀도를 높이고, 동시에 칩 간 통신 거리를 줄여 데이터 전송 속도를 크게 향상시킨다.

HBM은 작은 크기에도 고용량, 고성능을 제공할 수 있어 고밀도

메모리로 사용된다. 기존 메모리보다 공간을 덜 차지하므로 그래픽 카드나 데이터센터 같은 공간 제약이 있는 응용 분야에 적합하다. 첫 번째 버전인 HBM1은 2015년에 AMD와 SK하이닉스가 공동으로 개발하였다. 대역폭이 크게 향상된 HBM1의 후속모델이 등장하였다. NVIDIA 및 AMD 그래픽 처리 장치(GPU: Graphic Proceesing Unit) 등에 사용되고 있다. 또 방대한 데이터를 빠르게 처리할 수 있는 메모리가 필요한 고성능 컴퓨팅(HPC: High Performance Computing)을 사용하는 슈퍼컴퓨터, 데이터센터 및 서버의 핵심 부품이다.

프로세서 반도체

프로세서 칩은 다소 복잡한 연산 처리를 수행하나 속도가 느린 직렬처리 기능인 CPU(Central Processing Unit)가 시장을 석권하여 왔다. 최근 들어 AI, 멀티미디어 그래픽 처리를 위한 GPU(Graphics Processing Unit)가 등장하였다. 앞으로 GPU 시장이 크게 증가될 것이다.

① CPU(Central Processing Unit): 중앙 처리 장치로, 컴퓨터 시스템의 핵심 연산 처리를 담당하는 장치이다. 컴퓨터의 두뇌라고 불리며, 프로그램의 명령을 해석하고 실행하는 역할을 한다. CPU는 데이터 처리, 논리 연산, 제어 등의 모든 기본적인 작업을 수행하며, 현대의 컴퓨터, 스마트폰, 서버 등 다양한 장치에서 필수적인 부품이다. 인텔, AMD 등이 주도하고 있다.

② GPU(Graphics Processing Unit): 그래픽 처리 장치로, 주로 컴퓨터 시스템에서 그래픽 연산을 담당하는 프로세서이다. 원래는 이미지 렌더링과 그래픽 처리를 목적으로 설계되었다. 최근에는 병렬 연산에 특화된 특성을 활용하여 다양한 고성능 컴퓨팅 작업, 특히 인공지능(AI)과 머신러닝, 데이터 분석, 딥러닝 등에서 중요한

역할을 하고 있다. GPU의 주요 특징은 복잡하고 직렬처리 능력을 가진 CPU에 비해 단순한 연산과 많은 데이터를 동시에 처리하는 병렬처리 능력을 지닌다. NVIDIA가 독주하고 있으며, AMD가 그 뒤를 따라가고 있다. GPU는 대규모 연산 처리가 가능하므로 암호화폐 채굴에서도 중요한 역할을 한다.

③ 전용칩(ASICApplication-Specific Integrated Circuit): 특정한 작업이나 응용 프로그램을 위해 특화된 기능을 수행하는 칩이다. 범용 프로세서(CPU나 GPU)와 달리, 특정 목적에 맞게 설계되었기 때문에 특정 작업에서 훨씬 더 효율적이고 고성능을 발휘할 수 있다. 스마트폰이나 태블릿 같은 모바일 기기에는 기능별 전용칩이 포함된다. LTE나 5G 통신에 사용되는 특수한 칩이 그 예이다. 머지않아 사용될 AI 처리 전용 NPU(Neural Processing Unit)도 있다. 이러한 전용칩은 성능을 높이면서도 전력 소모를 줄이는 역할을 한다.

사용자 관점에서 두 경우를 살펴보자. 삼성전자의 기존 메모리처럼 설계 및 제작하여 판매하는 경우이다. 또, 수요자가 자신의 용도에 맞는 반도체를 설계하여 제작 의뢰하는 경우가 있다. 마치 대량생산된 옷을 시장에 공급한다. 고객은 선호에 맞는 것을 선택하여 구매하는 경우가 첫 번째이다. 연주자처럼 고객의 색상, 크기, 형태를 주문하여 제작하는 경우가 두 번째이다. 차츰 두 번째의 수요가 폭발적으로 증가하고 있다. 단가도 비싸다.

3. 동작 방식

CPU와 DRAM나 SRAM(Static RAM) 간 연결된 컴퓨팅 시스템을 살펴보자. 아래 그림의 가운데 사각형인 CPU가 메모리로부터 데이터를 주고받는 방식이다.

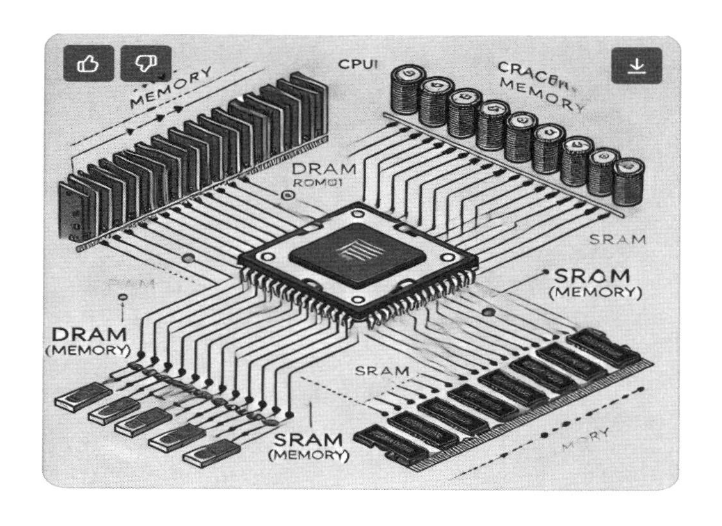

CPU는 메모리에 있는 데이터를 가져와 연산하고 그 결과를 다시 메모리에 가져 주는 기능을 한다. 이때 CPU는 더욱더 고속 처리를, 메모리는 더욱더 많은 용량을 저장하고 CPU의 요구에 빨리 반응하도록 발전하여 왔다. 이 둘 사이의 데이터를 교환하는 도로인 차선을 넓혀 고속처리 하려는 노력이 발전하여 왔다. 그러다가 비교적 고속의 병렬 단순처리를 요구하는 AI가 최근 돌풍을 일으키면서 CPU에서 GPU 세상이 열린다. 최근 NVIDA의 GPU인 H100 시리즈는 대당 수천 만원이다. Chat GPT3에서 약 만개가 사용된다고 한다. 아마존, 구글 등의 고속 슈퍼컴도 엄청난 수요가 요구된다. 아울러 메모리도 HBM이 요구된다. 다행히 국내의 SK Hynix와 삼성전자 HBM 메모리도 독주하는 실정이다. 그런데 GPU 한 개당 전력 소모가 엄청나다. 대형 에어컨 한 개에 해당하는 전력을 소모한다고 한다. 심각한 문제이다. 이를 해결해야 할 난제이다.

4. 반도체 제작 기업의 분류

공장에서 대량으로 제작해 고객이 선택하게 하는 삼성전자의 메모리나 인텔의 CPU는 회사에서 필요시 제조하니 제작과정이 그렇게 중요하지 않다. 여기서는 고객의 필요에 따른 주문형 반도체를 살펴보면, 반도체 완제품이 탄생하기까지의 기업을 분류하면 세 가지로 살펴볼 수 있다. 설계(Factory less: FABless)와 제조, 이들 둘 다 하는 종합 반도체 회사이다. 반도체 설계 제조의 효시인 인텔은 종합반도체 회사로 2000년 초반까지 굳건한 회사였다. 미국을 중심으로 종합반도체 회사들은 1990년대부터 제조를 기피하는 경향이 있었다. 발 빠르게 대만의 TSMC가 그 당시 스타트업 회사들의 반도체를 최고의 성능으로 제조해 주었다. 즉, 제조전문 파운더리 기업의 초석이 된다. 이를 발판으로 제조를 기피한 미국의 빅테크 기업의 제작의뢰가 폭발적으로 늘어난다. 이후 작금에는 애플, NVIDA 등의 수많은 회사 제품을 제조하는 명실상부 슈퍼 을로 자리매김하였다. 대만정부의 반도체 제조의 총력적 지원이 경쟁국들에게 부러움의 대상이다. 전 세계 반도체 제작의 약 62%를 최고의 성능으로 생산한다.

설계전문 회사인 퀼컴, AMD, 브로드컴, NVIDA등 미국의 빅테크 기업들이다. 생산 공장(팹, fab)을 운영하지 않고, 웨이퍼 생산 및 패키징과 같은 제조 공정을 외주에 의존한다.

설계와 제조 둘 다 하는 종합반도체 회사인 인텔, 삼성 전자 등이 있다. 삼성전자는 최근에 고성능 반도체 제조에 뛰어들었다. 자사 계열의 주문을 포함해 약 17% 제조하고 있다. 미국의 전폭적인 지지를 받는 인텔은 최고의 하이테크 기술이 요구되는 반도체 제조에 어려움을 겪고 있는 실정이다. 메모리 설계와 제조의 부동의 1위 기업인 삼성전자의 반도체 제조가 TSMC과 격차가 줄어들었으면

하고 간절히 바라는 바이다.

이렇게 볼 때 최첨단 반도체 제조의 뚜렷한 능력 없는 미국은 자국 제조가 시급한 실정이다. 인텔의 경우처럼 단기간 제조능력 확보란 어렵다. 대만의 TSMC와 한국의 삼성전자를 미국 내 생산기지 확보에 총력전을 펼치는 추세이다. 아울러 대만처럼 패권국가인 미국의 아쉬운 부분의 확보가 국력 증진과 안보의 준비라 할 수 있다.

5. 반도체의 발전과정

반도체 발전과정을 살펴보면, 미국에서 일본을 거쳐 한국, 대만으로 확대되어 가고 있다. 설계에 독보적인 미국의 제조와 일본의 전반적 부진이 현저하다. 그 틈을 메모리반도체 기업의 삼성전자의 한국과 제조전문 기업인 TSMC를 필두로 대만이 자리 잡았다.

여기서 국내 IT의 발전과 한국 반도체 발전과정을 살펴보면, 1970년대 후반까지만 해도 미국의 IBM과 같은 대기업은 슈퍼컴퓨터 등을 턴키베이스로 판매하였고 이때 실리콘 밸리의 스타트업 컴퍼니들이 CPU, 메모리 등의 반도체 칩을 생산하여 시장에서 판매하였다. 이제 국내의 개발 및 연구기관들을 칩을 구매하여 PC나 통신 장비를 위시한 IT 시스템을 만들기 시작하였으며 기적적으로 성공하였다. 큰 행운과 국내 IT 시스템 개발의 자신감을 정착시키며 IT 선진국으로의 초석이 되었다.

한국 반도체 산업의 발전은 전 세계적으로 중요한 경제적, 기술적 성과로 평가받고 있다. 한국은 현재 글로벌 반도체 시장에서 최고의 기술력과 경쟁력을 가진 국가 중 하나로, 특히 메모리 반도체 분야에서는 독보적인 위치를 차지하고 있다. 한국의 반도체 산업 발전 과정은 수십 년에 걸친 기술 개발, 대규모 투자를 바탕으로 이루어졌으며, 그 중심에는 삼성전자와 SK하이닉스가 있다. 일본은

1980년대까지도 슈퍼컴퓨터 등에 사용될 최고품의 고가 메모리칩을 설계 제작하였다. 그러나 1990년대를 기점으로 PC 시장이 열풍이 불기 시작하였다. PC의 수명은 짧다. 고가의 메모리보다 성능은 다소 떨어져도 가격이 저렴한 메모리 반도체가 폭발적으로 요구되었다. 삼성전자의 메모리칩이 절실히 필요한 추세이다. 일본의 판단착오와 국내기업의 준비된 상황이었다. 이런 기회는 앞으로 전무후무할 듯하다. 준비된 자에게 온 기회포착 이었다. 이렇게 한국의 반도체 산업은 주로 메모리 반도체에 집중되어 있었다. 2010년대가 되면서 비메모리 반도체(시스템 반도체) 분야에서도 기술 개발이 절실하였다. 특히 삼성전자는 파운드리(반도체 위탁 생산) 사업을 강화하며 글로벌 파운드리 시장에서 TSMC와 경쟁하고 있다. 반도체 공정에서 10nm 이하의 미세 공정 기술이 중요한 이슈로 떠올랐다. 한국 기업들은 7nm, 5nm, 3nm 등의 초미세 공정 기술을 개발하여 세계 시장에서 첨단 반도체 제조 공정을 선도하고 있다. 아울러 데이터 처리 속도를 높이기 위한 HBM과 대용량 저장을 위한 3D NAND 기술이 크게 발전하였다. 삼성전자와 SK하이닉스는 이러한 기술을 통하여 AI, 클라우드 컴퓨팅, 자율주행차 등의 첨단 기술 산업에 중요한 메모리 반도체를 공급하고 있다. 2020년대에는 글로벌 반도체 공급망에서의 핵심 역할을 하는 5nm 이하의 초미세 공정에서 경쟁력을 확보하고 있으며, EUV(Extreme Ultraviolet: 극자외선) 공정 기술도 세계 최상위 수준에 있다. 대당 수천 억원의 EUV 공정 장비는 여러 국가와 기업에서 수천 개의 미세한 부품으로 이루어진다. 현재 네덜란드의 ASML이 독보적인 슈퍼 을의 기업이 되었다. 즉, 고객이 너무 많은 상황이다.

6. 반도체의 미래와 우리는

2020년대 들어 코로나19 팬데믹으로 인한 IT 기기 수요 급증과 디지털 전환의 가속화로 반도체 수요가 폭발적으로 증가하였다. 한국 반도체 산업은 다시 한번 슈퍼 사이클을 경험하고 있다. AI, 5G, 자율주행차 등의 기술 발전으로 인해 메모리 반도체뿐만 아니라 비메모리 반도체 수요도 급증하고 있다. 한국 정부는 2021년에 K-반도체 전략을 발표하여, 한국을 세계 반도체 공급망의 핵심으로 만들기 위한 다양한 정책을 추진하고 있다. 정부는 인프라, 인력, 기술 개발에 적극적으로 투자하며, 반도체 산업의 경쟁력을 더욱 강화하고 있다. 메모리 반도체에서의 삼성전자와 SK하이닉스는 세계 시장을 주도하고 있다. 삼성전자는 5nm 이하의 첨단 초미세 공정 기술에서 TSMC와 함께 세계 최고의 기술력을 보유하고 있다. 메모리 반도체 외에도 비메모리(시스템 반도체) 분야에서 글로벌 경쟁력을 높이는 것이 중요한 과제로 남아 있다. 미국-중국 간 기술 패권 경쟁 속에서 반도체 공급망이 불안정하여질 가능성이 있다. 한국은 이에 대한 대응 전략을 마련해야 한다. 첨단 기술 개발을 위해 우수한 반도체 인재를 지속적으로 확보하고 양성하는 것이 중요하다.

NVIDIA가 주도하는 개당 수천 만원의 GPU는 AMD가 열심히 따라가고 있다. 물론 실리콘 밸리의 스타트-업 컴퍼니들이 보고만 있지 않을 것이고 분발할 것이다. '이것이 반도체의 생태계요. 실리콘 밸리의 현주소이다.' 최근 IBM이나 인텔의 뒷걸음질 하는 예에서 볼 수 있다. 안주에 만족하여 변화와 노력이 없으면 언제든 낙오자가 된다. 반도체가 고객의 손에 들어올 때까지는 설계, 제조 등의 나라의 기업들이 얽히면서 이루어진다. 반도체 위에서 꽃피울 운영체재와 각종 소프트웨어가 집결되어 우리는 IT 서비스를 누린다. 국제관계 형성이 중요하다.

끝으로 같은 아시아권의 대만과 한국을 살펴보자. 우선 대만을 살펴보면, TSMC 창업자인 대만의 영웅 장중모를 위시하여 NVIDIA의 CEO 제이슨 황, CPU는 인텔에 이어, GPU는 NVIDIA을 추격하는 AMD의 혁신을 몰고 온 리사수가 있다. 또 Chat GPT처럼 만개 정도의 NVIDIA의 GPU가 소요되어 발열방지를 위한 슈퍼마이크로 컴퓨터의 CEO의 찰리 앙도 있다. 이들 네 명은 세계적인 IT 기술자 출신의 슈퍼스타다. 대만보다 두 배나 많은 미국 유학생을 배출하고 확보한 한국은 누가 슈퍼스타인가? 답이 없다. 국내 교육시스템과 사회적 분위기 탓일까? 변화를 두려워하는 탓일까? 무언가는 깊이 짚어 보아야 할 것이다. IT 기술 후진국으로 주저앉는 순간 참담한 기술 식민지가 될 것이다. 기술 발전 없었던 과거 선진국의 먹이가 된 것을 역사의 교훈으로 삼으면 어떨까!!!

제 3 부

해양안보 · 안전

국가전략이 없다

－네 결단의 붓끝이 국가의 명운을 결정한다－

김연빈(도서출판 귀거래사 대표)

들어가며

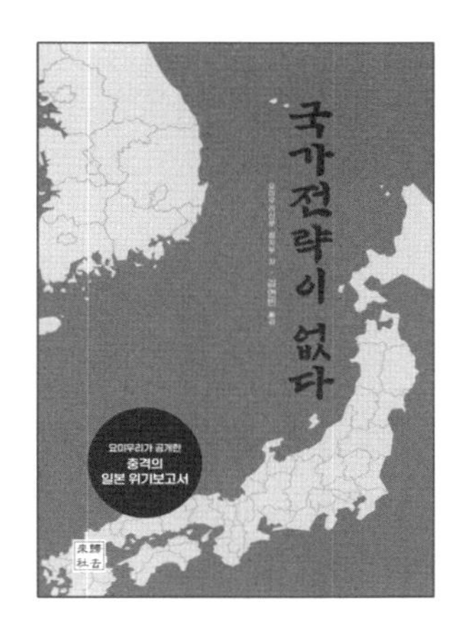

2023년 말에 『국가전략이 없다』를 번역・출간하게 되었다. 원전이 출간된 지 15년이나 지나 다시 출간하려고 하니 여러 가지 어려움이 있었다. 15년의 시차를 극복하는 것이 가장 큰 문제였다. 그때 문득 책에서 다루고 있는 내용들이 지금 우리 주위에서 일어나고 있다는 생각이 들었다. 우선 코로나19 팬데믹이 그랬다. 마치 예언서 같은 느낌이 들었다. 그래서 큰마음을 먹고 출간하기로 결단을 내렸다. 이 책의 부제는 '요미우리가 공개한 충격의 일본 위기보고서'다. 한 독자가 서평에서 '일본'이라는 글자를 '한국'으로 바꾸고, 2005년을 2023년으로 바꾸어 읽어도 위화감이 없을 정도라고 하면서, '요미우리가 공개한 충격의 일본 위기보고서'는 곧 '한국 위기보고서'이기도 하다고 하였다. 정곡을 찌르는 평이라고 생각하며 『국가전략이 없다』를 소개한다.

* <바다, 저자와의 대화> 제5라운드 제159강(2024. 6. 15.)에서 발표함.

1. 왜 『국가전략이 없다』인가?

1) 시대를 통찰하는 예언서

"돌이켜보면 온 세계를 공포로 몰아넣은 코로나19 팬데믹을 비롯한 각종 감염병의 창궐을 이 책은 이미 15년 전에 예고했다. 중국의 동중국해 개발이나 중국에 의존하는 레어 메탈 수급의 위험성을 이 책은 이미 예견했다. 한 · 일 양국의 군사적 갈등이 드러난 소위 '자위대 초계기 사태'도 요미우리신문은 예상했다. 특허정보 누설과 기술인력 해외 유출을 기자는 벌써 내다보고 있었다."

아는 만큼 보이고 관심을 갖는 만큼 다가온다. 『국가전략이 없다』를 발간하는 과정에서 최근 눈에 띈 이슈로 다음과 같은 것들을 들 수 있다. ① 일본 자위대 초계기 사태-레이더 조사-한일 국방장관, 재발방지 합의(2024.5.28.), ② 독도, 해양조사. 일본은 사전 통보하지 않았다고 트집, 생떼(2024.6.6.), ③ 중국 달 탐사. 최초로 달 뒷면에서 시료 채취. 성공할까?(2024.5.30.), ④ 일본 H3 로켓 발사 성공(2024.3.5.), ⑤ QS 세계대학 랭킹 2025 발표. 서울대, 도쿄대 제쳐(2024.6.3.), ⑥ 슈퍼컴퓨터 랭킹 발표, 후가쿠 4위 유지(2024.5.20.). 모두가 『국가전략이 없다』에서 소개하는 것들과 깊은 관계가 있어 메모를 해두었다.

2) 왜 이 책을 발간하였는가?

이 책을 발간하는 이유는 왜 우리나라에는 이런 유형의 책이 없는가? 왜 우리 사회에는 이런 기획을 하는 언론이 없는가? 왜 우리 주변에는 이런 비판을 냉철하게 받아들이는 공무원과 정치인이 없는가? 하는 아쉬움 때문이다.

그래서 15년도 더 된 책을 새롭게 발간하는 이유는 국가정책을 체계적으로 검증하는 언론이 있었으면 하는 기대와 함께, 이런 기획물을 바탕으로 국회에서 정곡을 찌르는 대정부 질의를 하고 진실하고 성실하게 답변하는 깨어 있는 국회의원과 책임 있는 국무위원이 있었으면 하는 간절함 때문이다.

일본의 사례를 반면교사, 타산지석으로 삼아 우리 정부와 지방정부의 각성을 촉구하고, 정책 결정권자인 공무원과 국회의원·지방의회의원의 책임을 강조하고, 국가정책에 대한 국민의 관심을 불러일으키고, 지원찰미(知遠察微)[1]하는 자세로 정부를 감시하고 비판하는 언론의 기능과 사명감을 일깨우기 위한 뜻이 함께 담겨 있다.

3) 『국가전략이 없다』는 어떤 책인가?

『국가전략이 없다』의 원전은 2006년 12월 요미우리신문 정치부가 발간한 『검증 국가전략 없는 일본(検証国家戦略なき日本)』이다. 2005년 1월 1일부터 2006년 6월 25일까지 1년 6개월에 걸쳐 요미우리신문에 연재된 「국가전략을 생각한다(国家戦略を考える)」가 기본이다.

국가전략 부재, 특히 국가의 성쇠를 좌우할 만큼 중요하면서도 정치권으로부터 외면 받고 있는 과학기술, 해양정책, 자원·에너지, 지적 기반, 안전 분야에서 '일본이 얼마나 뒤처져 있는지'를 극명하게 추적·검증하여, 통렬히 비판하고 정치권의 대응을 추궁한다.

이 기획의 영향으로 몇 년째 지지부진하던 해양기본법이 2007년 여야 만장일치로 제정되었다. 아카마츠 마사오(赤松正雄) 중의원 의원(당시, 공명당)은 이 책의 출간을 "정치를 현실로 움직인 귀중한 일이었다"고 하면서 "이와 같이 정치 현장에 영향을 준 신문연재도 진기한 느낌이 든다"고 말했다.

---

1) 『史記』 「五帝本紀」에 나오는 사자성어로 원문은 '聰以知遠, 明以察微'이다. 총명한 지혜로 심오하고 원대한 사고를 하고, 맑은 마음으로 매우 작은 부분까지도 전면적으로 고려한다는 뜻이다(김영환 남서울대학교 중국학과 명예교수 해석). 언론의 기능과 상통하는 부분이 있다.

일본선장협회 모리모토 야스유키(森本靖之) 회장(당시)은 "국가전략을 수립해야 할 공무원과 국회의원들이 꼭 읽어야 할 책"이라고 갈파했다.

한국해양전략연구소가 2007년 7월 같은 이름으로 번역·출간했으며 필자가 번역자로 참가했다. 요미우리신문이 2006년 초 해양수산부를 취재할 때 통역을 한 것이 계기가 되었다.

요미우리신문은 단행본 간행 2년 후 국가전략 부재에 대해 개선된 점이 있는지를 재검증했다. 이렇게 해서 재검증 내용을 추가하고 새로 후기와 해설을 덧붙인 것이 문고판 『검증 국가전략 없는 일본』(2009, 이하 『검증 일본』)이며, 『국가전략이 없다』는 바로 이 『검증 일본』의 제목을 바꾸어 이번에 다시 한글판으로 발간한 것이다.

4) 이 책의 발간 목적은 무엇이며 어떤 평가를 받고 있는가?

취재진의 일원인 다나카 다카유키(田中隆之) 요미우리신문 정치부 차장(당시)은 이 책을 "세계 각국과의 치열한 경쟁에서 탈락할 위기에 처하여 갈팡질팡하고 있는 일본의 모습을 그린 것"이라고 하면서, 이 책의 진정한 목적은 국민의 각성을 이끌어내기 위해 "쇠퇴의 사실을 숨김없이 전하는 것"이라고 말하고 있다.

고바야시 요시아키(小林良彰) 게이오대 교수(당시)는 "일본이 안고 있는 다양한 문제점을 날카롭게 파헤친 본서를 관통하는 것은 정책 결정권자에 대한 기자들의 초조함과 현재 상황을 어떻게든 변혁해 보려고 하는 보도의 양심이다"라고 했다. 또 일본이 안고 있는 문제의 본질을 광범위하고 예리하게 지적하고 있는 『일본 위기보고서』로서 후세에 전해지게 될 것이라며 요미우리신문 정치부의 식견과 정열에 경의를 표했다.

국가 전체적 관점에서 일본의 현상과 장래에 대한 위기의식을 공유하는 것도 이 책이 노리는 목적 중의 하나이다. 국가전략은 고사하고 정책도 없이 정쟁에만 혈안이 된 현재의 대한민국 사회에도 그대로 들어맞는 말이다.

2. 요미우리신문의 기획 의도와 국가전략 부재 사례

1) 요미우리신문은 왜 「국가전략을 생각한다」란 기획을 하였는가?

『국가전략이 없다』의 내용을 파악하기 위해서는 먼저 책의 서문과 후기, 해설 등을 살펴보는 것이 좋다. 2006년 발행된 원서 『검증 일본』의 서문과 후기, 2008년 재검증 결과를 포함하여 발행된 문고판의 후기와 해설 등을 통해 이 책의 기획 배경과 의도 등을 알아본다.

(1) 『검증 일본』 첫머리에 [2006.10. 요미우리신문 논설위원(전 정치부장) 나가하라 신(永原伸)]

2005년 1월 중순 미국에서 『지구의 미래를 그린다』(Mapping the Global Future)는 제목의 보고서가 발표되었다. 보고서는 "중국과 인도가 19세기의 독일이나 20세기의 미국과 같이 새로운 대국으로 올라설 것이다"라고 예측했다. 보고서는 일본에 대한 항목에서는 "일본은 노동력의 고령화에 따라 동북아시아나 중국에 대한 대외투자와 경제통합에 의존하지 않을 수 없을 것이다 …… 어느 시점에서 중국에 대항할 것인지 영합할 것인지 하는 선택을 강요당하게 될 것이다” [「노화하는 대국」(The ‘Aging’ Powers)]고 하고 있다.

“일본은 중국의 대두와 인구감소사회라고 하는 시대의 큰 변화에 직면하고 있다. 개개 정책분야가 안고 있는 과제를 찾아내서 각론으로부터 국가전략을 생각해볼 필요가 있다.” 거론된 테마는 과학기술, 에너지, 지적 기반, 안전 · 안심, 해양문제로 다양했다. 취재처에서 받은 “정치부 기자가 왜 영역이 다른 분야를 취급하는가?” 하는 질문에는 이렇게 대답했다. “많은 정책이 관료 주도로 형성되어 가지만, 정치적으로 큰 문제가 되면 정치가가 ‘등장’하고, 바로 정치권의 판단으로 국가의 방침이 정해진다. 그것은 뒤집어보면 국가의 기반에 관련된 정책분야라도 정치가의 관심이 낮으면 정치의 주제가 되기 어렵다고 하는 것이기도 하다. ‘정치부재’ 때문에 방치되어 있는 문제를 정치부 기자의 시점에서 거론하면 정치권의 주도로 시정을 도모할 수 있는 계기가 되는 것이 아닐까?”

(2) 『검증 일본』 마치면서 [2006.10. 요미우리신문 도쿄본사 정치부장 오다 다카시(小田尚)]

“하나의 정책이 국가전략으로서 확립되기 위해서는 전제가 되는 과제의 존재를 깨닫고, 그것을 정책으로 채택하여 매진하는 정치가가 나타나는 것이 불가결하다.”

“정치를 움직이는 것은 정치가만이 아니다. 그 국민이 관심을 갖고, 작더라도 계속해서 목소리를 내는 문제는 언젠가 정치를 움직일 때가 있다. 무엇보다도 국민여론이 이러한 전략이나 정책을 찾아내어서 긴 안목으로 지원해 나가는 것이 필요할 것이다.”

2006년 초가을, 한국 해양수산부로부터 「국가전략을 생각한다」 취재반에 대해, 동 부가 주최하는 ‘미래 국가해양전략 국제포럼’에 참석하여 일본의 해양정책에 대해 말해주었으면 좋겠다는 요청이 있었다. 9월 14일, 서울에서 열린 포럼에는 다나카 다카유키(田中隆之) 기자(정치부 차장)가 참석하여 일본의 해양정책에 사령탑이 없는 것, 정부 차원의 전략이 없는 것 등 일본의 실정을 말했다. 지도력을 발휘하지 않는 수상관저, 국익보다도 주변국가에의 배려를 우선해 온 외무성, 부처 할거주의 행정으로부터 탈피할 수 없는 국토교통성……. 일본의 현실을 생각하면 전향적인 이야기는 할 수 없었다. 일본은 구조적인 문제를 안고 있고, 해양정책은 오히려 한국에 배울 점이 많은 것이다. 자리를 함께 한 미국 예일대학의 폴 케네디 교수는 "일본에 해양전략이 없는 것에 놀랐다. 항만과 해운, 선원 수가 줄어들면, 간단하게는 회복할 수 없다"고 발언했다. 저서 『강대국의 흥망』으로 유명한 역사학의 태두도 전략 없는 해양국가의 장래에 경종을 울렸던 것이다.

(3) 『검증 일본』 한국 독자 여러분에게 [2007.6. 정치부 차장 다나카 다카유키(田中隆之)]

해양수산부가 주최한 '미래 국가해양전략 국제포럼'(2006.9.14. 서울)에 참석했다.

『검증 일본』이 같은 이름의 한글판(김연빈·박형구 역, 한국해양전략연구소, 2007.7.)으로 발간되었다. 이 책이 다루고 있는 것은 세계 각국과의 격렬한 경쟁에서 탈락하여 갈팡질팡하고 있는 일본의 모습이다.

국민의 각성을 이끌어내기 위해서는 쇠퇴의 사실을 숨김없이 전할 필요가 있다. 이 책의 진정한 목적은 거기에 있다. 일본이 고생하며 걸어온 길은 한국에도 참고가 될 것이다.

(4) 문고판 후기에 갈음하여 [2008.12. 나가하라 신(永原伸)] – 이 나라에 내재된 '화기(禍機)'의 재검증

정치를 현실로 움직였다. 연재기사의 지적이 계기가 되어 시정하는 움직임도 몇 가지 있었다. 방위목적의 군사이용을 인정하는 우주기본법을 제정(2008년 5월)하고, 레어 메탈의 지나친 중국 의존을 탈피하기 위해 카자흐스탄과 남아프리카 등을 대상으로 채굴 권익 확보와 기술협력 등을 추진하는 '레어 메탈 외교'를 전개하고 있으며, 국가의 해양정책을 일원하기 위해 해양기본법을 제정(2007년 4월)했다.

(5) 해설 [2008.12. 고바야시 요시아키(小林良彰) 게이오대 교수(당시)]

"일본이 안고 있는 다양한 문제점을 날카롭게 파헤친 본서를 관통하는 것은 정책 결정권자에 대한 기자들의 초조함과 현재 상황을 어떻게든 변혁해 보려고 하는 보도의 양심이다.

"본서는 일본에 만연한 두 문화, 즉 섬나라 근성과 방관자주의에서 생기는 병리, 특히 기다릴 수 없는 긴급한 해결이 요망되는 과학기술과 해양, 자원, 그리고 정보 시큐리티와 바이오테러 대책이라는 안전 등의 문제를 천착한 것으로, 문제의 본질을 광범위하고 상세하게, 그리고 예리하게 지적하고 있는 점에서 걸출한 내용을 담고 있다. 미국에서는 때때로 『○○○보고서』라는 이름이 붙은 후세에 영향을 주는 보고서가 나오는데, 『일본의 위기 보고서』로서 후세에 전해지게 될 본서를 저술한 요미우리신문 정치부의 식견과 정열에 경의를 표하고 싶다."

2) 국가전략 부재 사례 재검증

『국가전략이 없다』는 5개 장으로 구성되어 있다. 각 장별로 하나의 사례를 들어 국가전략 부재의 내용을 살펴보고 신문 연재 후 어떻게 개선되었는지 재검증 내역도 알아보기로 하자. 지면 제약으로 3개 사례만을 다루기로 한다.

(1) 제1장 과학기술 입국의 위기

① 2년 만에 전락한 최고속 컴퓨터의 지위

해양연구개발기구 요코하마연구소의 슈퍼컴퓨터 '지구시뮬레이터(Earth Simulator)'가 2002년 2월 완성되었다. 지구시뮬레이터의 연산처리속도는 1초간에 35조 회 이상으로 당시 세계 최고속도를 자랑하던 미국제 슈퍼컴퓨터의 5배의 처리능력이었다.

지구시뮬레이터의 출현에 경악한 것은 미국이었다. 2002년 4월 20일자 『뉴욕 타임즈』는 1면에서 지구시뮬레이터를 다루며, "미국의 컴퓨터 과학자에게 있어서, 일본의 슈퍼컴퓨터가 성취한 것은 1957년 구소련이 이룩한 스푸트니크 인공위성 발사 성공을 방불하게 할 정도의 충격을 주고 있다……." 우주에 대한 선취경쟁으로 미국이 구소련에 패배한 사건에 필적한다고 보도했던 것이다. 기사 속에서 테네시대학의 과학자는 "컴퓨트니크"라고 표현했다. 미국은 왜, 지구시뮬레이터에 이런 정도의 충격을 받았던 것일까? 슈퍼컴퓨터에 의한 시뮬레이션의 이용 범위는 기후변동의 예측만이 아니다. 산업에 직결되는 신소재 개발에도 활용할 수 있다. 미국의 경우는 더 나아가 슈퍼컴퓨터가 핵무기 개발이나 암호해독 등 군사 분야에서 매우 중요한 역할을 하고 있다. 미국 에너지부는 2003년 11월 발표한 「과학시설 20년 계획」에서 슈퍼컴퓨터 개발의 우선순위를 핵융합에 이어 두 번째로 두었다. 에브라함 장관은 "일본은 컴퓨터 과학에 새로운 지평을 열었다"면서 지구시뮬레이터를 칭찬하고, "그러나 미국은 그것을 대체하지 않으면 안 된다"고 역설했다.

거국적으로 반격에 나선 미국에 대해 일본의 대응은 무뎠다. 사토 데츠야(佐藤哲也) 지구시뮬레이터센터장은 "기술의 진보는 빠르다. 본래 계획이라면 개발을 마치는 것과 동시에, 다음 계획의 작성에 착수했어야 했다"고 말한다. 그런데 실제로 차세대 슈퍼컴퓨터 논의가 일본에서 시작된 것은 2004년 8월부터. 지구시뮬레이터가 완성된 때부터 이미 2년 반이 지나 있었다. 슈퍼컴퓨터의 연산처리 속도 순위는 연 2회 발표된다. 2004년 11월 발표에서 지구시뮬레이터는 수위에서 3위로 전락. 1위와 2위는 미국제가 탈환했다. "뉴욕타임즈의 '컴퓨트니크' 보도는 컴퓨터의 성능 경쟁이 시작되었다는 것에서 옳았다." 지구시뮬레이터와의 공동연구에 종사하는 하들리 기상연구센터장 데이비드 그리그스는 미국의 수위 탈환을 이렇게 평가했다.

지구시뮬레이터가 최고속도의 자리에서 몰락한 배경을 찾으면, 일본은 극소수의 전문가 이외에는 과학기술에 대체로 무관심한 것을 알게 된다. 2004년 2월 하워드 베이커 주일 미국대사는 지구시뮬레이터센터를 방문하여, 1시간의 방문예정시각을 넘기고 2시간 후에야 종료했다. 정보 수집이라도 하듯 온갖 질문. 사토 센터장은 대사의 탐구심에 감동하면서 이렇게 지적했다. "이 정도로 지구시뮬레이터에 관심을 가진 정치가는 일본에는 없다. 일본의 각료도 몇 명인가 시찰하러 왔는데, 20분 정도 있었을 뿐, 서둘러 돌아간 사람도 있었다."

문부과학성은 2005년도 예산 개산요구에 지구시뮬레이터와 방사광을 이용한 세계 최고 성능의 분석·해석시설 '스프링 에잇(SPring-8)'(효고현 사요쵸) 등의 산업이용을 촉진할 조성비 42억 엔을 포함시켰으나 재무성은 "필요성이 약하다"며 3분의 1로 깎았다. 지구시뮬레이터가 수위에서 전락한 것은 관계자에게 있어서는 유감스러운 것이었다. 그렇지만 일본 과학기술의 문제점을 명확히 했다고 하는 점에서 국내에 좋은 의미에서의 자극을 주었는지도 모른다. 2006년 3월에 정식으로 결정된 국가기간기술은 5개 프로젝트로 조정되었는데, '세계 제일의 계산속도를 목표로 하는 차세대 슈퍼컴퓨터'는 살아남았다.

② 재검증(추기)

일본 정부 종합과학기술회의는 2008년 5월, 경제파급효과가 높은 기술에 중점투자하기 위한 '혁신적 기술전략'을 책정. 로봇과 의료기술, 재료개발 등 14개 분야 23개 항목을 열거했다.

같은 해 6월에는 자민, 민주, 공명 3당의 의원입법으로 연구개발력강화법이 제정. 국가 예산은 원칙적으로 단년주의로, 기업이 국가의 위탁비로 구입한 연구기자재도 위탁기간을 넘긴 후에는 유상이용이기 때문에, 이 법은 이러한 폐해를 완화하고 산・학・관 연계를 쉽게 하도록 하는 것이 목적이다.

2008년 5월 정부는 최첨단의료분야의 연구개발을 촉진하기 위해 예산배분과 신약검사에서 우대하는 '첨단의료개발특구'를 창설하기로 결정. 신형만능세포(iPS세포)[2] 연구 등 의료관련 5개 분야의 연구기관・기업이 대상이다.

우주분야에서는 2008년 5월 자민, 민주, 공명 3당 등의 찬성다수로 우주기본법 제정. 핵무기 등의 우주 배치를 금지한 유엔우주조약과 헌법의 전수방위(專守防衛) 이념을 바탕으로 우주를 개발・이용하는 것을 강조하고, 안전보장에 우주 개발을 활용할 것을 명기. 또, 우주산업의 국제경쟁력 강화를 위해 수상을 본부장으로 하는 우주개발전략본부를 신설하고 우주담당 장관을 두는 것과, 빠르면 2009년 가을 내각부에 우주국(가칭)을 설치하는 것을 담고 있다.

---

2) iPS세포는 교토대학 야마나카 신야(山中伸弥) 교수가 2006년 8월에 실험용 생쥐를 사용하여 제작에 성공했다고 발표. '저조한 일본의 ES세포 논의'에서 다룬 배성줄기세포(ES세포)가 수정란을 파괴해서 제작하는 데 비해, iPS세포는 피부세포 등으로부터 제작할 수 있기 때문에 윤리적 문제가 적은 점이 장점.

(2) 안전대국의 환상

① 20년 부재의 P4(BSL4) 시설

세계보건기구(WHO)는 2004년 12월, "고병원성 조류인플루엔자의 출현은 세계가 다음의 팬데믹(대유행)에 다가와 있다는 것을 나타내주고 있다. 최선의 시나리오로도 200만~700만 명이 사망할 것으로 생각된다"고 경종을 울렸다.

심각한 감염증에 대한 대비의 하나가 위험한 병원체를 완전히 봉쇄할 수 있는 능력을 가진 P4시설의 정비다.

바이러스 등의 물리적 봉쇄 수준은 P1부터 P4의 단계가 있다. 연구용 미생물 안전관리 매뉴얼에 의하면, P1시설은 중요한 질환을 일으킬 가능성이 없는 것을, P2시설은 일본뇌염이나 뎅기열 바이러스와 같이 병원성은 있지만 중대한 재해가 될 가능성이 낮은 것을 취급한다. P3시설은 중요하고 위독한 질병을 일으키지만 사람에서 사람으로의 전염 가능성이 낮은 것이 대상이 된다. 예컨대 광견병과 HIV 등이다. P4시설은 "중요하고 위독한 질병을 일으키고, 직접 · 간접적으로 용이하게 전염되는 것"과 "통상 유효한 치료, 예방법이 없는 것"을 취급하는 시설이다. 에보라출혈열, 랏사열, 말부르그병, 천연두 바이러스, 그리고 스페인감기 바이러스도 P4시설의 대상이다.

6개의 P4시설을 가진 미국은 감염증 연구에 여념이 없다. 일본에도 P4시설은 2개소 있다. 국립감염증연구소 무라야마(村山) 청사(도쿄도 무사시무라야마시)와, 이화학연구소 쓰쿠바연구소(이바라기현 쓰쿠바시)에 있는 유전자 변환 실험용 시설이다. 그러나 국립감염증연구소의 시설은 1981년의 건설 전부터 주변 주민의 반대운동 때문에 P4 레벨의 병원체 취급을 뒤로 늦추고 있다. 현재는 P3시설로밖에 사용할 수 없다. 이화학연구소의 시설도 과거에 반대운동이 있어 1회밖에 사용되지 않았다. 정부는 "감염증 대책을 추진하는데 있어서 병원체를 정확하게 검사, 진단할 수 있도록 하는 것이 중요하다. P4시설을 포함한 체제 확보에 노력하겠다"(고이즈미 준이치로 후생성 장관=1998년)고 답변해왔지만, 이렇게 해서 20년 이상이나 'P4부재' 상태가 사실상 계속되고 있다. 바이러스 연구자는 일본을 떠나 해외 P4시설에서의 연구에 활로를 찾고 있다. 그렇지만 심각한 것은 이러한 시설로부터도 일본 연구자가 배제되고 있는 것이다.

② 재검증(추기)

일본 정부는 2006년 12월에 감염증법을 개정하고, 바이오테러를 미연에 방지하기 위해 천연두 바이러스와 탄저균 등 '특정병원체'의 관리를 강화. 2008년 4월에는 재개정을 통해 신형 인플루엔자 유행에 대비하여, 환자가 발생한 경우에는 바로 입원시킬 수 있도록 하였다.

위험한 병원체를 안전하게 취급하는 P4시설(별명 BSL-4시설=Bio Safety Level의 약칭)에 대해서는 문부과학성의 위탁을 받아 국립감염증연구소 등의 전문가팀이 2006년도부터 3개년 계획으로 조기 가동을 위한 조건 정비에 관한 조사·연구가 추진되고 있다.

핵물질을 사용한 핵 테러를 둘러싸고는, 미국의 핵불확산연구단체가 2007년 가을, 핵물질방호 업계표준 작성을 목표로 한 새로운 국제조직 '세계핵안전보장기구'(가칭) 설립을 제창했다. 일본에서도 일본원자력연구개발기구 연구자가 준비조직 회의에 참가하고 있다.

정부의 정보기능 강화 부문에서는, 2008년 2월, 정보기능강화검토회의[의장 마치무라 노부타카(町村信孝) 관방장관]이 '관저 정보기능 강화 방침'을 정리하고, 그 후 내각정보조사실(內調)에 5명의 내각정보분석관이 배치되었다. 정보분석관은 각 성청의 정보를 종합적으로 분석하고 수상 등에게 보고하는 정보평가서 원안을 작성한다.

정부는 같은 해 2월, 비밀보전법제에 관한 검토작업팀을 수상관저에 설치했다. 기밀정보 취급자를 정부가 인정하는 시큐리티 클리어런스(비밀취급자 적격성 검토) 제도의 도입과, 국가공무원법의 비밀준수의무 위반 시의 벌칙(현행은 징역 1년 이하)에 대해 기밀정보를 누설한 경우는 대폭 상향조정하는 것이 검토대상으로 되어 있다.

(3) 흔들리는 지력(知力)의 기반

① 진전 없는 대학의 자기개혁

도쿄대 다케우치 교수는 중국과 교류를 활발히 하려고 해도 도쿄대를 소개하는 중국어로 된 팜플렛이 없는 등 이상한 점을 알게 되었다.

영국 타임즈지가 2004년 11월, 세계의 대학 랭킹을 발표했다. 1위는 하버드대, 2위는 미 캘리포니아대 버클리교, 3위는 미 매사추세츠 공과대 ……. 도쿄대는 12위였다.

고미야마 히로시(小宮山宏) 도쿄대 총장이 도쿄대보다 상위인 11개 대학에 대해, 외국인 교수를 초빙하기 위해 어떤 노력을 하고 있는가 알고 싶다고 물어보아도 학내에서 대답할 수 있는 사람이 아무도 없었다. 다케우치 교수는 반성한다. "지금까지는 도쿄대조차 일본인의, 일본인에 의한, 일본인을 위한 대학이었다는 것이지요."

도쿄대는 2005년 4월, 고미야마 총장 주선으로 학내에 국제협력본부를 설치했다. 고미야마 총장은 "글로벌화 속에서 국경을 초월하여 우수한 젊은이를 획득하려고 하는 움직임이 격렬해지고 있다. 미국은 동시 테러를 계기로 인재의 흐름이 급격히 정체해 있다. 일본으로서는 우수한 인재를 불러들일 기회다"라고 말했다.

중국 대학에서 3대 명문의 하나로 일컬어지는 칭화대는 "칭화대 출신 교수는 3분의 1, 국내 타대학 출신이 3분의 1, 외국인 교수가

3분의 1을 내규로 하고 있다"(문부과학성 관계자)고 한다. 도쿄대는 교수, 조교수, 강사 합해서 약 2,800명 중 외국인은 52명. 일본인이 차지하는 비율이 98%이다.[3] 국제화를 목표로 한다면 유학생뿐만 아니라 외국인 교수의 비율을 훨씬 늘리지 않으면 안 된다. 학내에서 "외국인 교수를 비약적으로 늘리기 위해 수치목표를 설정하면 어떨까?"하고 제안했으나 다른 교수들로부터 격심한 반대론이 일어나 수치목표 도입안은 어쩔 수 없이 미루어졌다.

② 재검증(추기)

경제산업성 '기술정보 등의 적정한 관리 방안에 관한 연구회'는 2008년 7월, 안전보장에 관한 정부정보의 누설과 기업의 기술정보를 훔치는 산업스파이 행위를 방지하기 위한 법 정비[4]를 요청하는 보고서를 정리하였다. 연구회의 보고서는, 기업의 중요정보를 복제행위를 포함하여 부정하게 입수한 것만으로 형사벌을 부과할 수 있도록 해야 한다고 제언하였다. 제언을 받아 정부는 부정경쟁방지법 개정[5]을 추진할 방침이다.

인재교류분야에서는, 2008년 7월에 정부가 결정한 교육진흥기본계획에 '유학생 30만 명 계획'을 실시하는 것이 담겨 있다. 30만 명 계획은, ① 일본 유학의 매력은 어디에 있는가 하는 일본의 '내셔널

---

3) 도쿄대학의 외국인 교수(조교, 특임조교 이상)는 2014년도 215명, 2020년도 326명, 2023년도 362명이다. 2023년 5월 1일 현재 도쿄대학의 교수(조교, 특임조교 이상)는 4,885명이다.

4) 「경제시책의 일체적 강구를 통한 안전보장 확보 추진에 관한 법률」(경제안보법, 경제안보추진법, 경제안전보장법, 2022년 법률 제43호)이 제정(2022.5.11.)·시행(2022.8.1.)되었다.

5) 「산업스파이 방지 등 영업비밀 보호 강화를 위한 부정경쟁방지법」 개정은 2015년 7월 3일 성립(7월 10일 공포)되어 2016년 1월 4일 시행. 개인에 대한 벌금액의 상한을 종전 1천만 엔에서 2천만 엔으로 올리고, 해외 유출 사건에서는 상한을 3천만 엔으로 한다. 법인에 대한 벌금 종전 3억 엔에서 5억 엔으로 인상하고, 해외 사건은 10억 엔으로 했다. 훔친 정보를 이용해 얻은 수익을 몰수하는 규정도 새로 마련했다.

브랜드"를 확립한다, ② 일본유학 희망자의 일원적 상담창구를 설치한다, ③ 수용거점으로서 국내 30개 대학을 선정하고, 이들 대학에서는 영어만으로 진행하는 코스를 대폭 늘려 영어만으로 학위를 취득할 수 있도록 한다－는 것이 핵심이다.

3. 『국가전략이 없다』를 보는 역자의 혼

1) 『검증 일본』 역자 후기(2007)

(1) 역자 후기(2007)

독도를 '대한민국의 시작'으로 보는 발상의 전환이 필요하다. 진실한 보도를 통해 제1차 세계대전을 승리로 이끈 영국의 일간지 『데일리 메일』을 생각하며 언론의 사명에 대해 언급했다.

(2) 해양수산부 폐지(2008)와 부활(2013)

『검증 일본』에서 과학기술, 해양정책, 자원·에너지, 지적 기반, 안전의 중요성을 강조한 것과 달리 거꾸로 간 이명박 정부의 정부조직 개편에 탄식하지 않을 수 없었다. 과학기술부, 정보통신부, 해양수산부가 통폐합 되고 행정안전부는 명칭이 바뀌었다.

2) 새로운 한글판 『국가전략이 없다』를 발간하며(2023) – 오오 붓을 잡은 자여 위대한 심장의 파수병이여!

『국가전략이 없다』를 발간하며 얻은 소득은 심훈의 자경시 「필경(筆耕)」을 발견한 것이다. 「필경(筆耕)」은 쟁기로 밭을 갈듯이 붓으로 마음을 갈아 국민 의식을 깨우치자는 은유로 언론인의 사명과 지식인의 역할을 웅변하고 있으며, 언론의 자유가 만개(?)한 이 시대의 언론인이 진정 자유를 만끽하면서 그 역할과 사명을 다하고 있는지 돌아보게 한다.

우리의 붓끝은 날마다 흰 종이 위에 갈며 나간다.

> 한 자루의 붓, 그것은 우리의 쟁기요, 유일한 연장이다.
> 비바람이 험궂다고 역사의 바퀴가 역전할 것인가
> 마지막 심판날을 기약하는 우리의 정성이 굽힐 것인가
> 창끝같이 철필촉을 배려 모든 암흑면을 파헤치자.
> 샅샅이 파헤쳐 온갖 죄악을 백주에 폭로하자!
> 오오 붓을 잡은 자여 위대한 심장의 파수병이여!

3) 『국가전략이 없다』역자 후기에 갈음하여(2023) – 정치가와 공무원이 꼭 읽어야 할 책 『검증 일본』

(1) 국가전략은 없고 정쟁과 맹목적 추종만 가득한 국정 현장

① 국가 정책은 없고 이념만 무성하다.

국가전략을 논의해야 할 국회는 정쟁만이 난무한다. 한 언론인은 "저출산 · 고령화 문제는 전 국민이 각성해도 그 효과는 20년 30년 뒤에나 나오는데, 우리 정치판은 내전 상태"(김대중, 「저출산 · 고령화로 '소멸'하는 나라」, 조선일보, 2023.9.19.)라고 말한다. 한 교수는 "국가가 양쪽으로 쪼개져 아무리 좋은 정책이라도 진영논리에 막혀있어 국가위기대응 정책은 실종되고 있다"(강태진, 서울대 재료공학부 명예교수(국가미래과학인재양성특별위원회 위원장), 사단법인 한국ESG학회 제13회 학술대회 기조강연, 2023.9.10.))고 경고한다. 다른 교수는 우리 경제성장률이 25년 만에 일본에 역전되는 초유의 일이 벌어지고 있다면서, 그 원인은 민생보다 이념을 중시한 결과라고 하고, 이 위기의 본질을 '정부 발 위기', '이념 발 위기'(김현철, 서울대 국제대학원장, 민주당 정책토론회, 2023.11.1.)라고 한다.

안철수 국민의힘 의원은 10월 13일 문화방송(MBC) 라디오 '김종배의 사건집중' 인터뷰에서 윤 대통령의 정책이 이념에 치우쳐 있다고 지적(주간조선, 「"이념 치우쳐" "험지 메이커" 대통령 향하는 책임론」, 2023.10.14.)했다.

② 견마지로와 손타쿠가 눈에 띄게 늘고 있다.

어느 정권을 가릴 것 없이 견마지로를 다하는 권력기관들이 있다. 맹종과 견강부회, 용비어천가가 가득하다. 곡학아세하는 학자들도 가득하다.

아베 전 일본 수상 재임 시에 손타쿠(忖度, そんたく)란 말이 유행했다. '손타쿠'는 상대방의 마음을 헤아리는 것을 뜻하는 말로 원래는 긍정적인 의미. 하지만 최근에는 윗사람의 뜻을 헤아려 과도한 배려를 하는 것처럼 부정적인 의미로 사용되는 경우가 늘고 있다. 2017년 일본 '유행어대상'에 선정되었다. 모리토모학원문제(森友学園問題)나 가케이학원문제(加計学園問題)에서 이 손타쿠가 자주 사용되었다.

③ 지록위마가 횡행한다.

2014년, 교수신문이 한해를 되돌아보는 사자성어로 '지록위마'(指鹿爲馬)를 선정[6]했다. 이 사자성어를 추천한 한 교수는 "세월호 참사 등을 보면 정부가 사건 본질을 호도하고 있다"고 지적했다. 또한 교수는 "정치계의 온갖 갈등이 대통령의 눈과 귀를 가리고 대통령 스스로 사슴을 가리켜 말이라고 일컫는 형국"이라고 비판(연합뉴스, 2014.12.21.)했다. 지금 대한민국에 지록위마가 횡행한다.

(2) 정치가와 공무원이 꼭 읽어야 할 책 『검증 국가전략 없는 일본』

① 주마가편 – 경제대국 일본의 자기성찰

요미우리신문이 자국의 국가전략 부재를 질타하면서 국가적인 개선을 촉구하는 것은 예삿일이 아니다. 이는 다분히 일본의 국가이익을 추구하면서 주마가편(走馬加鞭), 즉 달리는 말에 채찍을 가하

6) 2023년도 선정 사자성어는 '이로움을 보자 의로움을 잊는다'는 뜻의 견리망의(見利忘義)이다.

는 것이라고 이해할 수 있을 것이다. 이 책의 의도는 그런 연장선상에서 경제대국 일본의 자기성찰이라고 해도 과언이 아니다.

② 타산지석 – 일본이 고생하며 걸어온 길은 한국에도 참고가 될 것

이웃나라 일본이 보여주고 있는 국가전략 부재의 모습은 같은 처지에 있는 우리에게 타산지석(他山之石)이 아닐 수 없다. 그래서 다나카 차장도 "일본이 고생하며 걸어온 길은 한국에도 참고가 될 것"이라고 말하고 있는 것이다.

③ 법고창신 – 우리가 적용 가능한 창의·실용 아이디어(정책과제)

(i) 각 분야의 국가전략을 찾아서 정책화해야

국민 해양사상 고취를 주된 사명으로 여기고 있는 역자가 개인적으로 새로운 정책과제로 제안하고 싶은 것은 해양영토의 중요성과 해양사상 홍보를 위해 '4극(極) 바다수영' 행사를 개최하는 것이다. 즉, 동쪽 끝의 독도, 남쪽 끝의 마라도, 서쪽 끝의 신안 가거도, 북쪽 끝의 백령도(또는 백령도에서 황해도 장산곶까지)에서 수영 이벤트를 하는 것이다.

한・일 양국의 남녀노소가 참여하는 '한・일 해협 횡단 릴레이 수영'을 2025년 국교 정상화 60주년 행사로 실시하는 것도 꿈이 아니다.

(ii) '독도, 영토의 시작' 운동 전개

'독도, 국토의 시작' 국민운동을 전개한다. 독도를 대한민국의 시작으로 보는 발상의 대전환이 필요하다. '독도, 국토의 시작' 국민운동을 대대적으로 전개하고, 독도수호 주무부처인 해양수산부가 정체성을 살린 메인 캠페인으로 설정한다. 또, 그 상징적 사업으로서 독도에 있는 '대한민국 동쪽 땅 끝' 표지석과 함께 '대한민국의 시작, 독도' 표지석을 설치한다.

(iii) 안전문제에 더욱 정책의 중심을 두어야

안전관리 분야에 우수한 공무원들을 배치시키고, 그들이 자긍심을 가질 수 있도록 각종 인센티브를 제공하는 등의 시책이 필요하다. 예를 들어, 감사담당 공무원에게 주는 가점제도를 안전관리 담당 공무원에게 도입하는 것도 한 방법일 것이다.

이태원 참사는 좁은 골목에 많은 사람이 쇄도하여 발생한 인재의 성격이 짙다. 이 사고를 미리 예측하고 예방할 수 없었을까? 이에 대한 해답을 이 『국가전략이 없다』가 제공하고 있다. 바로 상호의존성 해석이다. 사회의 약점을 발견해내기 위해 서로의 요소가 어떻게 관련되는가를 조사하는 연구를 상호의존성 해석이라고 한다. 미국은 2001년 발생한 9 · 11 동시 테러를 계기로 중점과제로서 상호의존성 해석에 몰두하게 되었다. 일본은 미국의 제안으로 이 연구에 손을 대게 되었다. 한국에서는 '상호의존성 해석'이라는 용어도 찾아보기 힘들다.

④ 반면교사 – 국가의 책무를 생각하며, '해경 72정'의 조속한 인양과 '순직 해경 유해'의 조기 수습을 촉구한다.

1980년 1월 23일 오전 5시 20분 경 거진항 동방 2.5마일(약 4.6㎞) 해상에서 어로보호 경비업무를 수행 중이던 속초해경 경비정 207함과 60톤급 72정이 충돌하여, 72정이 침몰하고 경찰관 9명과 전경 8명 등 승조원 17명 전원 실종되었다. 당시 신군부에 의해 보도가 통제된 가운데 1주일도 안 돼 유해 한 구 없는 영결식이 속초해경에서 거행되었고 사고는 진눈깨비처럼 잊혀졌다.

그러던 것이 수년 KBS가 사고의 진상을 보도하고, 2017년 세월호 인양을 계기로 선체 인양요구가 공론화되었다. 해경은 2019년 4월 2일 한국해양과학기술원(KIOST)의 지원을 받아 연안에서 약 4㎞ 떨어진 침몰 해역 수심 105m 해저에서 72정을 찾아냈다. 국회 농림축산식품해양수산위원회가 2021년도 해양경찰청 예산안에 72정 인양예산 205억 원을 반영했지만 국회 본회의 의결 과정에서 전액

삭감되었다. 해양경찰청은 2022년도 예산안에서 다시 선체 정밀 탐색 등을 위한 현장조사 예산 45억 원을 요구했지만 정부 예산안에 최종 편성되지 않아 국회로 넘어가지도 못하고 좌초되었다. 유가족들은 해경이 과연 의지가 있는지 의문이라며, 순직자 유해를 찾는 것은 돈 문제가 아니라 국가의 책무라고 강조했다.

일본은 2022년 4월 23일 홋카이도 시레토코반도 앞 120미터 해저에 침몰한 관광선을 1개월 후인 5월 26일 인양했다.[7)]

1980년 1월 강원도 고성군 거진 앞바다에서 침몰한 해경 72정과 순직 해경의 유해 17구를 조속히 인양해야 한다. 그것이 오랫동안 방임해 온 국가의 책무를 다하는 것이다. 윤석열정부가 문재인정부와 다르다는 것을 확실하게 보여주는 것이기도 하다.

4. 독자의 시각(축사와 서평)

1) 축사(신각수 전 주일대사)

일본이 고생하며 걸어온 길은 한국에도 참고가 된다. 『바다로 열린 나라 국토상생론』(2022)도 함께 읽으면 더욱 의미가 클 것이다. 역자는 우리나라가 '삼면이 바다로 둘러싸인' 나라가 아니라 '삼면이 바다로 열린 나라'라고 하고, 일본 역시 '사방이 바다로 둘러싸인 섬나라'가 아니라 '사방이 바다로 열린 섬나라'라고 하면서, 일본에 상생의 메시지를 전하고 있다. 한국과 일본의 우호 협력이 어느 때보다 중요한 지금, 매우 시의적절하고 의미 있는 메시지라 생각한다. 섬나라 사고의 탈피와 발상의 전환은 이 두 책이 추구하는 이상이고 지향점이기도 하다.

---

7) 침몰 관광선 카즈원은 선박 규모(총톤수 19톤, 전장 12.14m, 폭 4.15m), 침몰 해역(연안 약 1㎞, 수심 120~182m) 등이 침몰된 해경 72정과 비슷하다. 침몰 해역은 유속이 매우 빠른 곳이어서 해경 72정보다는 열악한 조건이었던 것으로 추정된다(일본 위키피디아).

2) 독자서평(윤상훈 해양수산부 어선안전정책과장, 전 주일한국대사관 해양수산관)

흔히 일본을 '가깝지만 먼 나라'라고 한다. 하지만 이 한 권의 책을 읽고 나면 '알고 있다고 생각하지만 잘 모르는 나라'라는 수식어가 더 어울린다는 생각이 들지도 모른다. 본서를 통해 일본의 과학기술, 해양, 자원과 안전관리의 현주소와 실체를 비로소 가늠해 볼 수 있기 때문이다.

정작 충격으로 다가오는 것은 이제껏 일본의 국가적인 문제와 전략에 대해 잘 모르고 지내왔다는 점이 아니라 일본의 국가적인 어젠다들이 우리나라가 겪고 있는 문제들과 너무나도 유사하며, 2005년을 전후로 하는 어젠다 중에 현재도 여전히 유효한 것들이 많다는 점이다. 본서에서 '일본'이라는 글자를 '한국'으로 바꾸고, 2005년을 2023년으로 바꾸어 읽어도 위화감이 없을 정도이다. 그만큼 일본이 먼저 겪은 문제를 우리가 겪고 있다는 의미이기도 하고, 해양·어업정책과 같이 같은 문제를 두고 두 나라가 갈등과 협력을 반복하는 문제도 많다는 의미이기도 할 것이다.

『국가전략이 없다 – 요미우리가 공개한 충격의 일본 위기보고서』는 곧 『한국 위기보고서』이기도 하다. 또한 2024년을 맞이하는 '현재의 위기'이기도 하다.

나가며 – 네 결단의 붓끝이 국가의 명운을 결정한다

심훈은 자경시 「필경(筆耕)」에서 언론인의 사명과 지식인의 역할을 웅변하고 있다.

앞에 소개한 일본의 국가전략 부재 사례에서도 '전략이 얼마나 중요한가', '20년 전의 정책 판단이 일본 과학기술에 지금도 무거운 후유증을 남겨 놓고 있다. 여기서 헤아려야 할 것은 정책결정에 있어서의 중장기적 관점의 중요성이다(본문 37쪽)'고 하고 있다.

바로 정책결정권자의 손에 국가의 명운이 걸려 있는 것이다. 그래서 '네 결단의 붓끝이 국가의 명운을 결정한다'는 말로 소개를 마친다.

QR Code	내용
	『검증 국가전략 없는 일본』역자 인터뷰 (국정방송 KTV, 2007.7.)

해양강국 건설의 요체, 해군력 강화 방안

박범진(경희대학교 교수, 예비역 해군대령)

1. 들어가는 말

한국은 G-20국가 중 국내총생산(GDP) 대비 무역활동 비중이 2021년 기준 84.8%로 대외의존도가 매우 높은 국가로 교역활동을 통한 경제성장에 힘입어 현재의 세계 10대 경제강국으로 부상하였다. 특히 상선단의 바닷길, 해상교통로(SLOC: Sea Lines Of Commuincations)를 통한 수출입물량이 99.7%를 차지하고 있으며 원유, LNG, 철광석 등 에너지원과 핵심광물자원의 100%를 해상교통로(SLOC)로 수입하고 있어 안정적인 유지는 우리의 숨통을 열고 있는 상황에 비유할 수 있다.

만약 한국의 생명선이자 국가 수준의 성장 동맥인 해상교통로(SLOC)가 만약 중국의 대만침공에 따른 대만해협 충돌과 중국과 일본, 미국을 위시한 아세안 일부국가들간의 동·남중국해 해양분쟁으로 인해 봉쇄·차단된다면 국가 안보와 안전 수준에 있어 심각한 위협요인으로 급상승될 수 있다. 이에 따라 우리는 항시 해상교통로 보호/유지를 위한 해양안보 역량 이행 수단인 해군력의 중요성을 인식해야만 한다.

최근 미·중 신냉전 또는 전략경쟁의 심화와 동시에 장기화 국

---

* <바다, 저자와의 대화> 제5라운드 제164강(2024. 8. 24.)에서 발표함.

면을 맞이하고 있는 러시아 - 우크라이나전쟁 그리고 이스라엘-하마스/헤즈볼라전쟁 상황을 지켜보면서 강대국에 의한 국익 추구와 힘의 논리만이 지배하고 있는 무정부상태에 있는 국제사회의 냉혹한 현실을 인식하게 된다.

최근 북한의 핵·미사일 위협이 상존하고 미·중 전략경쟁이 심화되는 가운데 한반도를 포함한 동북아정세는 원유와 가스 등 해저 지하자원과 수산자원 배분 등 해양자원 개발문제와 해상교통로(SLOC: Sea Lines Of Communications) 유지와 방공식별구역(ADIZ: Air Defense Identification Zone) 획정 등 역내국가들 간에 핵심이익을 확보하고 유지하기 위한 보이지 않는 갈등 요인들이 서서히 표면화되고 있는 실정이다.

특히, 동해에서는 한·일간 독도영유권 문제 지속과 대륙붕에 위치한 제7광구 내 원유 공동개발 시한(2028년) 종료가 임박하고 있으며 서해에서는 중국에 의해 배타적경제수역(EEZ) 내 북방한계선(NLL: North Limited Line) 기준으로 경도 124도선 이남 해상에서 이어도 해역까지 중국 해군/해경 함정과 군용기에 의한 해상경비/상공 초계비행 활동 정례화와 한·미 해군 함정의 음향정보 수집을 위한 해상부표 설치 등 해양관할권 주장을 위한 근거자료 유지와 군사적 목적 달성을 위한 서해 내해화(內海化)전략 시도가 이어지고 있다. 이와 같이 배타적경제수역(EEZ) 경계획정과 관련된 해양관할권 협상에서 유리한 고지를 점하기 위한 시도가 대립·분쟁 수준으로 급부상하고 있어 향후 한·일 및 한·중 간 해양분쟁 가능성이 잠재하고 있는 실정이다.

특히, 심각한 것은 한·일간 독도영유권문제와 한·중간 이어도 해역을 포함한 배타적경제수역(EEZ: Exclusive Economic Zone) 획정에 관한 관할권문제, 중·일간 센카쿠열도(댜오위다오) 도서영유권문제 등 상대국 간 이해가 상충되는 지리적 공간이 모두 해양에 위치해 있다는 점이다. 이와 같이 도서영유권과 해양관할권 문제는 새롭게 부각된 문제가 아닌 해양과 관련된 각 국가들이 추구하는 영토안보와 경제이익이 걸린 사활적 핵심이익 확보경쟁 양상으로 급변하고 있다는 국제정치의 냉혹한 현실을 보여주고 있다.

2. 인도태평양지역 해양안보 정세

2010년 시진핑체제 출범이후 경제적 부상에 따른 G-2 지위 패권을 추구하고 있는 중국의 안보 · 경제 우선주의의 공세적인 강공자세 변환은 미국으로 하여금 위협적인 글로벌 패권 도전국가로 인식을 초래하였다.

이에 따라 미중 전략경쟁 공간인 인도태평양지역이 세계 정치 · 경제 · 안보의 핵심지역으로 부상하였으며 미국은 점차 쇠퇴하고 있는 국력을 일정 수준까지 유지하는 방편으로 동맹국과 우방국 중심 소다자 협력방식의 국방 및 해양안보 결속 강화를 위해 QUAD(미 · 일 · 호주 · 인도 안보협력체)와 AUKUS(미 · 영 · 호주 3각 안보동맹) 등 반중(反中) 연대세력을 구축하여 대응하고 있다.

중국은 전체주의 국가연대인 러시아 · 북한과의 전략적 소통과 군사적 유대관계를 강화하여 한 · 미 · 일 · 호주 · EU에 대응하는 국면에 직면해 있다. 남중국해 남사 · 서사 · 동사군도에서는 중국 대(對) 필리핀, 베트남, 인도네시아, 브루네이 등이 해저 지하자원, 수산자원 확보 및 도서영유권, 해양관할권 분쟁과 동중국해에서는 중 · 일간 해양관할권 · 도서영유권 및 대만문제와 관련된 국익 우선주의 정책 추구에 따라 동북아의 화약고로 발발할 수 있는 해양분쟁 가능성이 남아있다.

한편, 2023년 10월 7일이후 이스라엘에 대한 이슬람세력 저항의 축(팔레스타인 무장정파 하마스, 레바논 무장정파 헤즈볼라, 예멘 후티반군, 시리아 아사드정권, 이라크 민병대 등) 세력 일부인 친이란계 예멘 후티반군의 홍해 항행선박에 대한 무차별적인 대함미사일/자폭드론 공격으로 인해 수에즈운하의 해상교통로가 마비되는 등 글로벌 공급망 위기가 지속되고 있다.

또한 지구촌 기후변화에 따른 빈번한 자연재해·재난 발생과 해적, 사이버테러 등 초국가적이며 비군사적인 위협이 부상하고 있다.

인도태평양전략과 한반도 안보

미중전략 경쟁 하에서 미국의 인도태평양전략 대(對) 중국의 일대일로(BRI: Belt and Road Initiative)전략 간 상호 대립구도 상황 하에 한국은 가치기반의 글로벌중추국가(GPS: Global Pivotal State) 구현을 위해 국가이익 극대화를 위한 인도태평양전략을 수립하여 발표하고 해군은 인도태평양전략 이행 추진계획을 집행중이다. 일본은 인도태평양전략 추진과 동시에 미·일간 안보일체화가 강화된 상태에서 기시다정부는 신접근 안보전략을 추진 중이다.

인도태평양지역 내에서의 미·중간 대결구도는 분쟁 또는 충돌 가능성까지 고조되고 있어 관심전환론과 양동작전[1] 형태의 관점에서 조망해 볼 수 있다.

1) 남중국해

중국의 서사·남사·동사군도 등 일부 무인도의 강제 점유를 통한 군사기지화 건설 등 일방적인 군사력 투사에 의한 도서영토의 현상변경 시도와 국제법상 허용되고 있는 공해상 자유항행의 제지 등 해양법을 포함한 국제규범을 무시하는 대외정책을 지속하고 있어 미국과 필리핀·베트남·인도네시아·브루네이 등 아세안 일부

1) 적군에게 아군 작전의도를 오인하게 만들거나 판단을 곤란케 하기 위한 목적 또는 아군이 결정적인 작전을 수행하고 있는 지역으로부터 적의 관심과 행동을 다른 곳으로 돌릴 목적으로 수행하는 기만전술.

국가들간의 대립국면이 지속되고 있다.

2) 동중국해

일본은 센카쿠(댜오위다오)열도 영유권 분쟁과 관련하여 중·일간 갈등 고조 가능성에 대비하기 위해 국가방위전략을 개정하고 남서 제도에 군사력을 증강 배치하고 있다.

3) 대만해협

중국은 대만의 분리독립 저지 및 무력 통일을 위한 군사력 사용을 배제하지 않고 있으며 위협을 고조시킬 목적으로 2023년 이후 다양한 해상/공중/상륙훈련 등을 지속하고 있어 대만을 위시한 미국과 일본의 군사적 개입 가능성 등 역내 긴장 고조 및 분쟁의 상시화가 지속하고 있다.

4) 한반도

북한에 대한 비핵화 실패 및 핵·미사일 위협 고도화에 대응하기 위한 한·미 핵협의그룹(NCG) 구축 등 미국의 확장억제력 강화와 동시에 한·미 동맹 강화 및 한·미·일 안보협력 공조체제 구축을 진행하고 있다.

특히 한국의 주요 에너지자원을 운송하는 해상교통로(SLOC)인 남중국해와 대만해협이 중국이 추구하고 있는 남중국해 내해화 전략 완성과 대만과의 전쟁 발발로 인해 봉쇄 또는 차단될 경우 원유와 LNG가 2~3주 후 고갈되고 전력은의 경우 3분의 1 수준으로 저하될 경우로 국가 생존의 기로에 직면할 가능성이 어느 때보다 높다.

미국의 통합억제전략(Integrated Deterrence Strategy)

미국 바이든 행정부의 안보전략은 미국의 군사력과 동맹/우방국의 군사력을 상호 연계하여 직면하고 있는 적대국의 위협에 공동으로 대응하여 억제하는 개념인 "통합억제력"을 제시하고 있으며 지난 2022년 2월 "통합억제력"이 포함된 인도태평양전략 비전을 발표하였다.

미국의 국가안보전략서(NSS)에는 동맹관계 재구축과 국제협력에 대한 회복력을 반영하고 있다. 미국은 미일정상회담을 통해 대(對)중국 견제를 위한 대외안보전략 차원에서 일본의 AUKUS(미・영・호주 3국 안보동맹) Pillar-Ⅱ(사이버 역량, 인공지능(AI) 및 자율운항체계, 양자기술, 해저전 기술, 극초음속 및 대(對)극초음속기술, 전자전 역량, 혁신 및 첩보공유, 심우주 고성능 레이더 역량 프로그램 등) 참여를 유도하고 미・일・호주 3국 통합미사일방어(IMD) 구축과 정보 공유체제를 확정하였다.

또한 2023년 3월에는 미・일・필리핀 정상회담과 미・일・필리핀・호주 등 4개국 국방 장관회담을 개최하는 등 인도태평양지역에서의 중국 견제 및 대응을 위한 공동전선을 구축하여 이행하고 있다.

[그림 1] 미국 인도태평양전략과 중국 일대일로전략

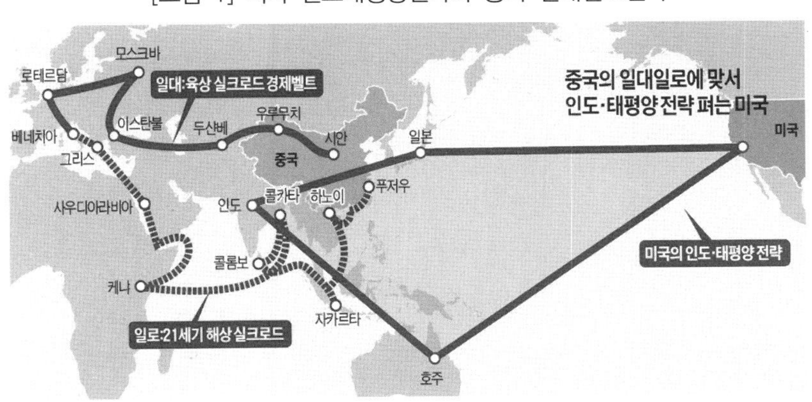

출처: 민주평화통일자문회의 블로그

[그림 2] 미 · 일 중심 축의 안보협력 프레임워크

출처: 닛케이

3. 한국의 인도태평양전략과 해양안보의 중요성

한국의 해양안보환경에 대한 SWOT 분석

1) 분석

강점 (S)	약점 (W)
–강력한 한미동맹 (활발한 해군협력) –국제경쟁력 있는 조선업과 항만 인프라 –강력한 해양안보작전 수행능력 보유 –해양안보에 대한 역사적 경험 보유	–높은 의존도의 해상교역 –확장된 해양국익 확보를 위한 해군력 확장 불가피 –해양안보 컨트롤타워 부재 –재원 확보의 제한
기회 (O)	**위협 (T)**
–비전통안보분야 국제협력 수요 증대 –경제 · 안보분야 국가간 상호의존 증대 –자원/에너지/기술문제 해결위한 청색경제 –해양안보 협력국 방산협력/수출 기회 증가	–북한의 군사적 위협 상존 –북 · 중 · 러 연대 강화 –역내 해양분쟁 발생 가능성 높음 –비전통 해양안보위협 발흥 가능성

2) 전략 방향

구분	강점 (S)	약점 (W)
기회 (O)	능동전략	만회전략
	-국제규범/규칙 수호 및 제정 선도 -경제/군사/에너지 등 포괄안보	-국제협력 적극 선도, 해양안보이익 보호증진 -해양안보 유관기관 조정/협력체제 수립
위협 (T)	상쇄전략	억지전략
	-한미연합전력 해상현시 지속 -해양안보위협 대비 실전훈련 강화	-국제 해양협력 주도, 통합억제 실현 기여 -역내 해양신뢰구축 선도, 해양분쟁 예방 기여

3) SWOT 분석 결과에 대한 전략적 함의 및 발전방안

① 한국의 해양안보환경은 지정학적 기회요인과 위협요인이 동시에 상존하고 있는 상황으로 중국해군을 공동의 안보위협으로 인식하는 한미동맹을 기반으로 한 해군협력 차원에서 인도태평양지역의 미 해군력 재건을 위해 한미 조선동맹을 적극 추진해야 한다.

② 국가이익 실현의 추진방향은 지정학적 위협의 최소화와 지정학적 기회의 극대화 추구가 필요하며 이를 이행하기 위한 '국가해양전략(National Maritime Strategy)'의 비전 수립이 필요하다. 이러한 해양경제, 에너지산업, 해양안보 등의 포괄적인 통합을 통해 "해양강국(Maritime power)" 완성이 달성될 수 있다.

③ 해양강국 건설 지원을 위한 해군의 전략적 비전인 "Smart Navy" 건설은 필수적인 국가의제가 되어야 한다.

"Smart Navy" 건설을 위한 해양안보위협 적용

[그림 3] Smart Navy 건설

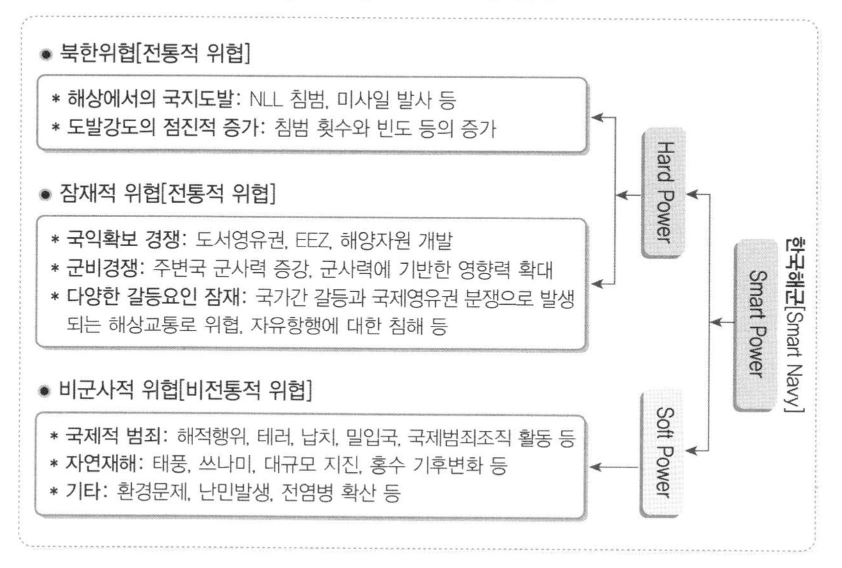

출처: 한국해양전략연구소

① 전력 · 인력 · 예산 · 조직 등의 입력적 요소보다 힘의 적용/결과 중심의 전략적 사고가 필요하다.

② 해군의 Hard Power는 국익보호 중심, 해군의 Soft Power는 국익창출을 중심으로 추구해야 한다.

③ 해군의 Soft Power를 활용하여 역내 규칙기반 질서를 주도하고 국위선양을 중점적으로 추구해야 한다.

④ Soft Power전략: 비전통안보(Soft Power)를 전통안보(Hard Power)와 연계해야 한다.

4. 해상교통로(SLOC)의 중요성과 해군의 역할

해상교통로(SLOC)의 개념과 중요성

1) 개념

국가경제 및 전쟁 지속능력 유지를 위해 반드시 확보되고 보호되어야 할 생명선으로서 역할을 수행하며 국민의 생존과 경제 및 산업활동에 필요한 유류 · 식량 · 원료의 수송로이자 전쟁 시 군수물자와 미(美) 증원군 병력 · 물자 수송에 필수적인 해상통로를 의미한다.

2) 중요성

첫째, 남북한이 대치하고 있는 반도국가(현재 도서국가 수준) 의 한계성 극복이 가능하고 무역국가로서 경제성장과 번영의 동력이 된다.

둘째, 전쟁 발발 시 미국 / UN사령부 회원국의 증원병력 및 군수물자 운송을 위한 해상통로 역할을 수행한다.

셋째, 전 · 평시 국가안보 유지의 기반이자 국가 경제활동의 혈맥 역할을 수행한다.

인도태평양지역을 향한 한국 중심의 해상교통로(SLOC)

[그림 4] 한국의 핵심 해상교통로

출처: 해군본부

인도태평양지역 남방항로 봉쇄 시나리오 및 대체항로

[그림 5] 남방항로 봉쇄 시나리오 및 대응

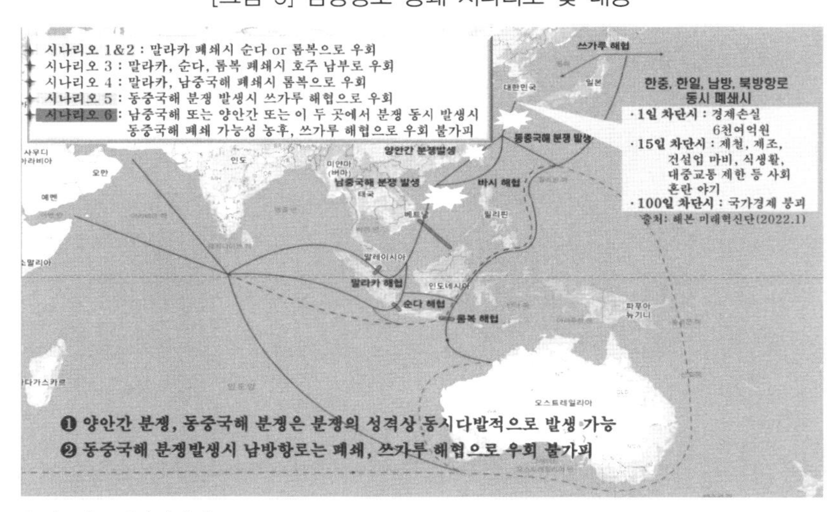

출처: 한국해양전략연구소

대만해협(양안) / 동중국해 분쟁의 동시다발적 발생 가능성이 높으며 동중국해 해상분쟁 시 남중국해 남방항로의 봉쇄 가능성이 높아 대체항로로 쓰가루해협으로의 우회 항해가 불가피하다.

해상교통로(SLOC) 보호전략

[그림 6] 한국의 해상교통로 보호전략

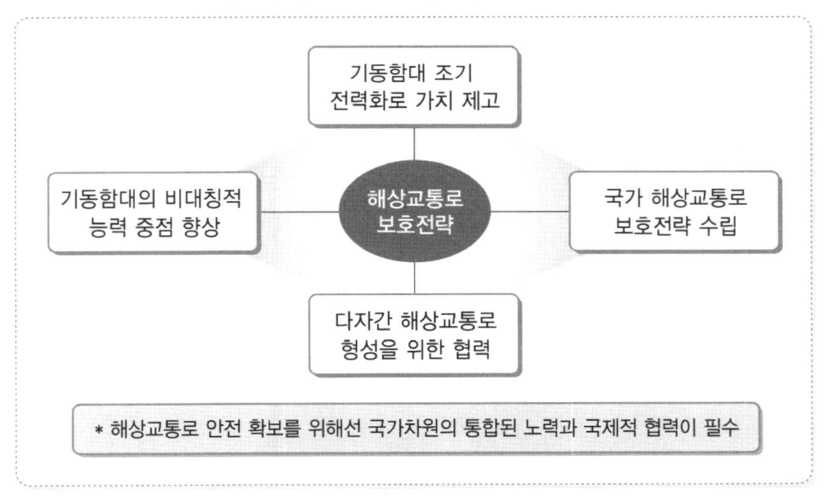

출처: 한국해양전략연구소

해상교통로(SLOC) 안전 확보와 지속적인 운영 유지를 위해 국가의 총체적인 역량이 통합된 해양전략 사고 기반의 노력과 글로벌중추국가(GPS)로서 국제 해양안보협력이 절실한 상황이다.

기동함대의 개념과 한국해군에의 적용 발전계획

최소한 항공모함을 포함한 구축함급 이상 전투함, 적정한 척 수의 잠수함, 해상작전 항공기 및 기동군수지원함 등으로 편제되며, 상당한 기간 원해에서 독립작전 수행능력을 보유한 함대이다.[2)]

2) 해군전력시험평가단, 해양전략용어집, 2017.

① 적 / 주변국의 도발을 억제하고 국지도발 시 확전의 방지와 유리한 조건 하에서 유연한 대응작전으로 분쟁을 조기 종결한다(특히 독도, 이어도 분쟁 시).

② 전면전 시 공세작전 및 입체기동전을 수행하여 적 침략세력을 조기에 격퇴하고 전략적 목표를 수행한다.

③ 원해기동부대 작전 간 전략적 억제력을 발휘하고 해상교통로 보호를 포함한 해외 해역에서의 국가이익 보호와 국가정책을 뒷받침할 수 있는 역량을 갖춘 기동부대를 완성한다(해군비전 2045, 2018년).

④ 한국해군은 해군작전사 7기동전단을 모체부대로 하여 기동함대사를 창설할 예정이다(2025년 2월 / 2024~2028 국방중기계획).

※ 구축함 18척 체제로 최종 편성, 3개 기동전대(1개 전대 구축함 6척 편제: DDG 2척, DDH 2척, KDDX 2척)[3) 단위로 완성

☞ 창설 시 구축함 10척체제: 3개 전대(1개전대 DDG 1~2척, DDH 2척)

[그림 7] 정조대왕함(DDG-995)

* 무장 : SM-3/6/2 함대공미사일, 해성-1/2 함대함(지)미사일, 홍상어 장거리 대잠어뢰(ASROC), 청상어 경어뢰, SH-60R 2대 탑재

출처: HD현대중공업, 해군본부

3) DDG : 세종대왕함 · 정조대왕함급 이지스구축함(각 7천6백톤 / 8천2백톤)
DDH : 광개토대왕함 · 충무공이순신함급 구축함(각 3천2백톤 / 4천2백톤)
KDDX : 한국형 차기구축함(6천5백톤), 2030년 전력화 예정

[그림 8] 한국 해군 기동함대 항모전투단 해상 현시(顯示) 개념

출처: 해군본부

기동함대의 임무

1) 적 / 주변국의 군사활동을 감시·견제하고 분쟁 발생 시 최소한의 억제를 달성하는 데 있다.

[그림 9] 독도 분쟁 시 한·일간 접근거리

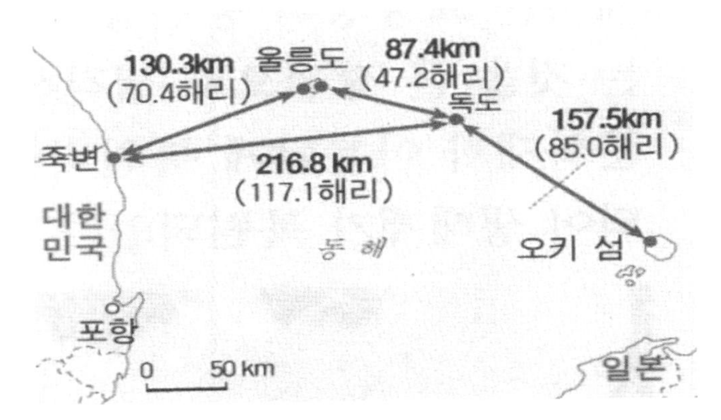

[그림 10] 이어도 중심 한중 EEZ 경계

출처: naver.com

만약, 독도 · 이어도 해상에서 일본 · 중국과 해양분쟁이 발생한다면 한국의 군사역량과 해군력 수준으로 국익 수호와 해양영토 보존을 위해 국가적 · 국민적 차원에서 국가해양력 확충에 대한 심각한 고민이 필요할 것이다.

2) 비군사적 활동인 자연재해(지진, 쓰나미) 및 해양재난(해일, 태풍) 구호 등 인도적 지원작전을 수행한다.

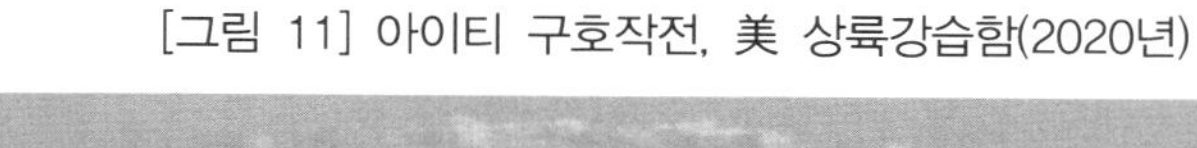

[그림 11] 아이티 구호작전, 美 상륙강습함(2020년)

[그림 12] 일본 쓰나미피해 구호작전(2011년)

출처: 美 해군 7함대 홈페이지

인도태평양지역 해양을 활동영역으로 삼고 있는 미 해군의 사례를 벤치마킹하고 기동함대 역량을 지속적으로 확충해야 한다.

국가 해상교통로(SLOC) 보호전략 수립 및 국제 안보협력

1) 국가 차원의 해상교통로 보호전략을 수립하여 국가정책 최우선 순위로 부여해야 한다.

국가급 해상교통로서 국가안보 소요를 충족하기 위해 국가가 설정하는 교통로이다. 국가 차원의 해상교통로 보호계획은 전·평시, 위기, 분쟁시 국가의 안보·번영·발전에 필요한 물자 및 용역 등의 원활한 무역활동을 보장하는 국가전략이다. 최근 홍해사태에 따른 상선단 정상 항로인 수에즈운하의 운항 불가로 아프리카 남단 희망봉 항로를 이용하게 되어 물류비용과 운송기간이 과다하게 소요되는 등 경제적인 어려움에 봉착하고 있다. 국가 경제안보 측면에서 한국 상선단 보호를 위한 대전략 일환의 해양전략 이행이 필요하다.

2) 해상교통로 관련 정책에 대한 총괄 임무를 수행하는 국가조직 또는 국가기구 설치가 필요하다.

국방분야외 정치 · 경제 · 외교 · 산업 · 기술분야 등 제역량의 총동원이 가능한 조직의 신설이 필요하며 해양/무역/산업과 연관된 복합적이며 광범위한 기능 수행을 고려한 국가 해양업무 통제기구 설치가 긴요하다.

3) 글로벌 공공재인 다국간 해상교통로(SLOC) 보호 및 유지를 위한 “역내 다자간 해양안보협력 메커니즘” 구축 방안의 검토가 필요하다.

국제해사기구(IMO), 아세안지역안보포럼(ARF), 서태평양해군심포지움(WPNS) 등의 국제다자기구 조직의 활용이 필요하며 미국 주도로 인도양 호르무즈해협에서 활동 중인 국제해양안보구상(IMSC)을 벤치마킹하여 인도태평양지역에서 한국 주도 방식의 다자간 해양안보협력 메커니즘 구축 추진이 필요하다.

5. 항공모함(CV) 확보 및 운용 필요성

해상교통로 확보: 국가이익과 직결

2023년 11월 이후 친이란계 예멘 후티반군의 홍해 항행 선박을 대상으로 한 무차별적인 공격으로 인해 홍해 해상교통로(SLOC) 안보 리스크가 고조되고 있다. 특히 항행 선박 63척이 피격되면서 국제 해운선사들이 경제적인 불이익임에도 불구하고 대체 항로인 아프리카 남단의 희망봉 항로로 우회하고 있다. 이는 홍해 해상교통로를 이용해온 한국의 국익에도 심각한 영향을 주고 있다.

홍해 해상교통로(SLOC)는 아시아와 유럽을 연결하는 최단 해상운송 항로다. 홍해 바브엘만데브해협과 지중해 수에즈운하를 통해 전 세계 해운 컨테이너 운송량의 30%와 원유 · 천연가스 유조선, 벌크선 운송량의 15%가 이용하고 있다. 이 가운데 한국 국적선은

2022년 기준 540여 척이 이용해 국제 해상물류의 대동맥 역할을 하는 핵심 요충지다.

[그림 13] 후티반군 미사일 공격으로 침몰중인 벨리즈 국적 화물선 루비마르

출처: AFP연합뉴스

이러한 홍해 해상교통로에 대해 미국은 자유로운 항행 보장이라는 글로벌 해양안보를 유지하고자 영국, 캐나다 등 11개국이 참여하는 다국적함대(MNF)를 구성해 '번영 수호작전(Operation Prosperity Guardian)'을 수행하며 예멘 후티반군의 작전기지 등에 대한 공습 타격과 항행 선박호송 작전을 진행하고 있다. 또한 유럽연합(EU)도 단독 호송작전 임무를 수행하기 위해 2024년 2월 19일 유럽연합해군(European Union Naval Force, EUNAVFOR)을 출범했다.

이러한 가운데 한국은 글로벌 공급망의 수혜를 받은 무역국가로 세계 10대 경제대국으로 성장한 것은 수출입 물품 99.8%의 안정적인 해상운송이 보장된 해상교통로가 유지됐기에 가능한 일이다. 그런 만큼 홍해 해상교통로의 불안정은 국가이익에도 직결되는 상황이다.

한국, 다국적 함대 등의 해양안보활동 참여

해상교통로는 평상시 수출입 상품, 에너지 수송 등 국가 대외 경제활동 유지와 전쟁 시 전쟁 지속능력을 유지하기 위해 반드시 확보돼야 할 생명선이자 해상통로로서 국가의 사활적 이익과 직결된다. 그런 만큼 홍해 해상교통로 위협이 고조되는 매우 불안정한 해양안보 상황에서 한국은 경제안보(해운운임 인상, 물류 운송지연 등 제한사항 극복을 위한 국제무역활동 보장 등) 등 국익 수호와 국격 수준에 걸맞은 국제적 기여 차원에서 글로벌 중추국가의 국가전략을 고려한 항행의 자유 보장이라는 국제규범을 존중해야 한다.

이와 함께 인도-태평양 전략의 실질적인 이행을 위한 글로벌 해양안보 질서 유지에 기여하기 위해 홍해사태와 같은 글로벌 안보 이슈에 대해 외교 · 국방 차원의 주체적이고 능동적인 포지셔닝으로 전환해야 한다.

이를 이행하기 위한 단기적 방안으로 2009년 이후 인도양 아덴만 해역에서 우리 국민과 선박을 보호하기 위해 대(對)해적 활동과 선박호송 · 안전항해 지원 임무를 수행 중인 해군 청해부대(구축함 1척 편승, 병력 320여 명 포함)의 임무를 홍해 항로 보호로 전환하고, 장기적 방안으로 구축함 1척을 추가 파병하는 방안(청해부대 2척 운용체제) 등 홍해 해상교통로 보호작전을 위한 다국적함대(MNF/CTF-153) 활동에 참여해야 한다.

특히 글로벌 이슈인 홍해 리스크 해소를 위한 국제 해양공공재인 해상교통로 보호 · 유지를 위한 해군 청해부대의 다국적함대 참여야말로 우리의 경제적 실익을 챙기면서 국제질서를 주도하는 국제사회의 책임 있는 선진 해양 강국으로 발전하고, 모범국가로 인정받는 호기로 활용해야 한다. 아울러 미래를 대비하는 혜안의 진취적인 국가해양전략 수립 기회로 적극 활용할 시기가 임박했음을 인식하고 해양력 강화를 위한 사고의 전환이 필요한 시점이라고 할 수 있다.

지정학적 안보 리스크 확대에 따른 항모사업 추진

이러한 글로벌 해상교통로(SLOC) 안보 리스크와 동시에 고도화되고 있는 북한의 핵·미사일 위협 및 중·일·러 등 주변국 간 해양안보 리스크 등도 국가 존립을 위협하는 요소다.

미·중 전략적 경쟁이 심화되고 있는 가운데 한반도를 포함한 동아시아해역에서는 독도 영유권 문제가 더욱 노골화되고 있으며 한·일 간 7광구 내 원유 공동개발 시한(2028년) 종료가 임박했다. 또한 서해에서는 중국의 해군력 강화에 따른 내해화 전략 시도가 지속되고 있는 등 배타적경제수역(EEZ) 경계획정과 관련한 해양관할권 획정 시 유리한 고지를 점하기 위한 한·일과 한·중 간 해양분쟁 가능성이 잠재해 있는 상태다.

특히 인도·태평양지역의 안보 이슈는 남중국해 내해화 시도에 따른 중국과 아세안 국가들간의 해양분쟁 지속과 2029년 중국몽 달성을 위한 차원에서 대만통일을 위한 중국의 군사행동 가능성이 커지는 등 급부상하고 있는 등 중국의 공세적인 해양력 강화를 견제하기 위해 미국 주도의 대(對)중국 견제망인 쿼드(QUAD, 미국·일본·호주·인도 안보협의체)와 오커스(AUKUS, 미국·영국·호주 안보동맹) 등 안보협력체제가 강화되고 있고, 일본은 평화헌법 개정을 통해 전쟁 수행이 가능한 보통국가화를 추진 중인 상황에서 대만해협 유사사태를 국가안보에 중대한 위협으로 인식해 자위대의 재무장화 정책을 추진하고 있다. 이러한 상황인 만큼 향후 주변국과의 잠재적인 군사적 충돌 가능성에 대비하는 국가 대응전략 차원에서라도 항공모함사업의 정상적인 추진이 필요한 시점이다.

중 · 일 항모전력 강화에 따른 해상전력 격차 우려

일본과 중국의 항모전력 강화도 주목해야 할 대목이다. 우선 중국은 세계 2대강국(G-2)으로서 강군몽(强軍夢) 달성과 지속적인 경제성장을 위해 근해 해양통제 및 원거리 해상교통로(SLOC) 보호 등 원해 확장을 위한 항모전투단 중심의 공세적 강압전략인 "근해방어 · 원해방위" 해양전략을 추진하고 있다. 이를 위한 핵심전력으로는 2012년 이후 운용 중인 랴오닝함과 산둥함, 그리고 전력화 예정인 푸젠함(8만 5천 톤, FC-35 등 함재기 60여 대) 등 중형 항모 3척체제로 운용될 예정이며, 오는 2049년까지 항모 8척 운용체제를 기반으로 하는 원해 단독작전 역량을 급속히 강화하고 있다.

일본은 해양영역을 국가이익의 핵심으로 인식하는 다차원 통합방위력 기반의 적극적 전수방위를 해양전략(영토 · 관할해역 방위전략, 해상교통로 보호전략과 원거리도서 방위정책)으로 추진하고 있다. 이를 위해 최근 이즈모급 헬기탑재호위함(27,000톤)인 이즈모함과 카가함 2척을 F-35B STOVL(단거리 이륙 및 수직착륙) 운용이 가능한 경항모로 개조중으로, 2025년 이후 작전배치될 것으로 예상되며 향후 항모 4척 운용체제의 해양 군사대국화를 추진할 것으로 예상된다.

이러한 중국과 일본의 공세적 해양전략 추진과 이를 이행하기 위한 수단으로 항모 전력을 증강해 나가고 있어 향후 독도영유권 분쟁과 이어도를 포함한 서해 해양관할권 및 배타적경제수역(EEZ) 획정 문제를 두고 군사적 충돌 발생 가능성이 잠재하고 있어 해양안보 위협과 해상분쟁 상황에 적극 대응할 수 있는 신속 억제 · 대응 전력으로서 항모 확보는 최우선적 선결과제라고 할 수 있다.

만약 항모사업이 취소되면 함정 건조와 전력화에 최소 15년이 소요되는 점 고려 시, 이들 두 국가와의 해군력 격차는 급격히 벌어져 향후 도서영유권 · 해양관할권 분쟁이나 중국에 의한 남 · 동중국해 및 대만해협에서의 해상교통로 차단상황 발생 시 단독 대응이 불가능할 뿐만 아니라 미 해군과의 연합 해양안보 작전활동에도 제한이 따르는 등 심각한 안보 누수 현상으로 이어질 수 있음을 직시해야 한다.

[그림 14] 일본 해상자위대 헬기호위함 카가함(DDH-184)

출처: 일본 해상자위대

[그림 15] 중국 인민해방군해군 Type002 항모 산둥함(CV-17)

출처: 중국 인민군망 홈페이지

항공모함 전력: 국가정책을 뒷받침하는 든든한 보루

우리나라가 항모 전력을 확보하면 다양한 이점을 기대할 수 있다. 첫째, 개전 초 북한의 미사일과 장사정포에 의한 비행기지 피폭으로 공군의 항공전력을 운용할 수 없을 때 함재 전투기가 북한 지도부와 핵 · 미사일 기지 등 전략 핵심표적에 대한 정밀타격이 가능한 항공기습전력으로 유용성이 높다.

또한 북한의 핵 · 미사일 위협 대응을 위한 해상기반의 3축체계 일부로서, 항모전투단 호위 전력인 이지스구축함에 요격용 SM-3/SM-6 함대공미사일(각 요격 고도 70~500㎞/ 240~460㎞)을 도입 · 운용함으로써 다층미사일방어체계의 완전성 보장이 가능해 북한의 도발 및 전쟁 시도에 대한 대북 억지력을 높일 수 있다.

둘째, 우리나라 수출입 물동량의 99%가 해상교통로를 이용하는 가운데 원거리 투사 능력을 보유한 군사적 억제전력인 항모전투단은 미 · 중, 중 · 일, 중국 · 대만 간 해상충돌 상황 발생으로 봉쇄될 가능성이 큰 인도양, 말라카해협, 남중국해, 대만해협, 동중국해에서 우리 상선을 보호하기 위한 해상교통로의 안정적인 확보와 유지에 기여할 수 있다.

셋째, 항모전력은 국가정책을 뒷받침하는 군사전략을 실행하는 국가전략자산으로 다목적 기동 군사기지 역할을 할 수 있다. 특히 국가정책과 군사전략 수행 수단으로서 항모의 역할을 살펴보면 ① 전시 비대칭전력으로 운용, ② 주변국 간 해상분쟁 발생 시 최소한의 억제 전력으로 운용, ③ 유사시 해상테러 · 해적 등 비군사적 안보 위협으로부터 우리나라 상선과 원양어선 보호 및 해상교통로 유지, ④ 대규모 재해 · 재난 시 국제 구호활동 지원, ⑤ 미국 주도의 인도 · 태평양전략 참여 수단으로 국제 해 · 공역에서 글로벌 중추국가(GPS)의 군사적 역할 확대를 통한 안정적인 국제 해양안보 질서 유지, ⑥ 난민 · 전염병 · 기후변화 등 국제 인도적 지원, ⑦ 유사시 재외국민 철수지원 등 국민보호 활동 및 초국가적 · 비군사적 위협에 대한 신속 대응전력과 다목적 기동 군사기지로서 효용가치가 높다고 할 수 있다.

[그림16] 한 · 미 · 일 연합해양기동훈련중인 美 핵추진항모 씨어도스 루즈벨트함 (CVN-71)

출처: 美 해군 7함대사 홈페이지

그래서 항모사업 추진은 국가 핵심 이익과 연계된 국가생존의 문제인 것이다. 북한의 핵 · 미사일 위협이 상존하는 한반도 안보상황하에서 전쟁 억제전력일 뿐만 아니라 점차 현실화되고 있는 주변국들과의 도서 영유권과 배타적경제수역(EEZ) 경계획정, 대륙붕 해저자원 개발 과정에서 우려되는 해양분쟁 발생 시 즉각 운용할 수 있는 신속 대응전력이 바로 항모전력인 것이다. 항공모함이야말로 국가이익을 수호하고, 국민의 생명과 재산을 보호하며 국가정책을 힘으로 뒷받침하는 든든한 보루인 셈이다.

6. 핵추진잠수함(SSN) 확보 및 운용 필요성

북한의 핵추진잠수함 확보 야망

최근 북한의 전술핵 잠수함발사탄도미사일(SLBM) 개발, 해군기지 및 항만에 대한 초토화 공격이 가능한 핵어뢰(해일) 실발사훈련, 그리고 재래식 핵공격잠수함(SSB) 보유 및 러시아의 군사기술 지원에 의한 공격형 핵추진잠수함(SSN) 건조/확보 추진은 현재까지의 북핵 · 미사일 고도화와 차원이 다른 상당히 심각한 안보위기의 임계선에 도달하고 있다.

북한의 핵 · 미사일 고도화에 따른 핵전쟁 방어의 안전판 확보를 위한 우리의 대응은 더디게 진행되고 있는 가운데 자체 3축체계(Kill Chain, KAMD, KMPR) 확충과 미국의 핵우산이 제공하는 핵협의그룹(NCG) 하의 한 · 미 일체형 확장억제 시스템인 미국의 핵전력과 한국의 첨단재래식전력이 통합운용되는 양국 전략사령부 전력의 일체형 CNI 형태로 진행되고 있다.

한편, 북 · 러의 동맹수준 군사협력 강화, 러시아의 한반도 전쟁 자동개입 가능성 점증과 더불어 미국의 트럼프 2기 행정부 출범에 따라 미국우선주의와 거래적 접근법에 의한 동맹국 전략를 추구하고 있는 등 대외정책 변화 가능성에 대비해야 하는 어려운 상황에 직면해 있다.

특히 미국의 국력이 쇠퇴함에 따라 트럼프행정부는 중국을 최고의 안보위협으로 간주하고 있으며 북한은 지엽적인 차순위 위협으로 평가하고 있다. 향후 미국에게 위협이 되는 북한의 대륙간탄도미사일(ICBM) 등 핵 위협을 통제하기 위해 북미간 직접협상을 통한 핵 보유국 인정 가능성과 주위협인 중국의 세력확장을 견제하기 위해 인도태평양지역 핵심 동맹국인 한국 · 일본 · 호주를 견제 역할로 활용하는 등 기존 대외정책을 전환하여 역내 핵 균형정책에 의한 핵 위협 차단 목적의 대외 군사전략 변화가 예상되고 있어 이에 대한 전략적 대비가 필요하다.

이러한 징조는 한국의 핵추진잠수함(SSN) 도입/운용에 대한 미국 인도태평양사령관의 긍정적 평가와 트럼프진영 안보참모들의 수용가능한 유연한 의견 제시로 향후 한·미간 공통된 인식하에 긴밀한 협상 가능성을 높게 하고 있다.

우려되는 북한의 수중 핵 투사전력 위협은 저비용 첨단화 전력인 R(로미오)급/고래급 재래식잠수함 20여척의 핵공격잠수함(SSB)으로의 개조를 완료한 후 동·서·남해 후방 해역에서 동시다발적인 200여발의 전술핵 SLBM 공격 우려가 현실화되고 있다는 점이다. 러시아의 첨단 군사무기 기술 제공에 의한 핵 수중역량의 최상위 전력이면서 한미 핵 확장억제체제를 압도하는 핵추진잠수함(SSN)의 수년 내 건조/전력화는 시간문제라고 본다.

한국의 핵추진잠수함 확보의 당위성

이에 따른 한국의 명확한 대응전력이자 판을 바꾸는 게임체인저는 바로 '핵추진잠수함(SSN)' 확보라는 사실이다.

만약 북한이 먼저 핵추진잠수함(SSN)을 선점한다면 우리의 안보태세는 풍전등화와 같은 상황으로 눈으로 볼 수 없는 시각장애인과 다름없다는 사실이다. 그러면 우리의 생존전략은 어떻게 해야 할 것인가?

현재의 NPT체제 내에서 우리의 핵추진잠수함(SSN) 확보는 사활적 안전장치이자 잠재적인 주변국과의 분쟁에 대비하는 전략자산으로 반드시 보유해야만 한다.

수중작전간 북한해역에서의 은밀성 유지와 무한정한 작전지속능력(수중 최대속력 시속 46km)으로 북한 핵추진잠수함(SSN)과 재래식 핵공격잠수함(SSB)에 대한 감시·추적 및 공격능력이 탁월한 핵추

[그림 17] 북한해군 핵공격잠수함 김군옥영웅함(SSB-841) 진수식

출처: 북한 조선중앙통신

진잠수함(SSN) 확보야말로 3면의 바다를 통한 핵공격을 억제/차단하는 한국형 3축체계의 최우선 핵심전력으로 확보해야만 한다.

특히, 2021년 통일연구원의 '핵추진잠수함 독자 건조 필요성'에 대한 대국민 여론조사 결과 75.2%의 찬성률이 나온 바 있어 총체적인 국가안보 차원에서 핵추진잠수함(SSN) 건조/확보사업을 국책사업으로 지정하여 추진되어야 한다.

바람직한 한국의 핵추진잠수함(SSN) 확보 방안

북핵 위기의 어두운 그림자가 다가오는 시간은 한반도 안보에 있어 위기이자 기회로 적극 활용해야 할 시점이다. 이에 따라 핵추진잠수함(SSN) 확보를 위한 방안을 제시해 보면, 첫째 미국의 국익우선주의와 비용에 기반한 동맹국들의 안보역할 확대를 주창하는 트럼프 2기 행정부 출범이후 예상되는 한미 일체형 확장억제체제인 한미 핵협의그룹(NCG)의 무력화 또는 약화 가능성을 고려하여 한국의 핵추진잠수함(SSN) 보유 논리(핵탑재 SLBM 미보유 잠수함 확보는 NPT체제 위반이 아님)를 개발하고 미국의 주위협인 대(對)중국견제

역할을 포함하는 "한·미·일 핵추진잠수함(SSN) 공동개발 및 운용 컨소시움"을 구성하여 핵추진잠수함을 안정적으로 확보하는 방안을 적극 추진해야 하겠다. 미 해군의 경우 약 72척의 핵추진 공격/전략잠수함(SSN, SSBN, SSGN 등)으로 중국 전략핵추진잠수함 13척과 러시아 전략핵추진잠수함 22척을 상시 감시·추적하는 임무에 투입하여 운영하고 있으나 정비/훈련/휴식 등의 이유로 인해 실제 17~20여척만 작전에 투입하고 있는 등 여러 제한사항이 발생하고 있다.

둘째, 향후 트럼프 2기 행정부와의 핵추진잠수함(SSN) 공동개발 운용 거부 시 가능한 대안으로는 저농축우라늄 원료 운용의 핵추진 잠수함(SSN)을 보유하고 있는 프랑스와의 협력방안을 모색할 수 있다.

셋째, 제3국으로부터 저농축우라늄을 확보한 후 국제원자력에너지기구(IAEA)에 공개적인 신고 후 그동안 축적된 재래식잠수함 건조기술을 이용한 독자적인 확보 방안도 강구해 볼 수 있다.

넷째, 일본수준의 핵 잠재력(1988년 미·일 원자력협정 내용상 20% 이상의 우라늄 농축 허용, 플루토늄·고농축우라늄 저장 및 재처리 허용 등)을 보유하기 위한 한·미 원자력협정 개정을 통한 미국 동의하에 안정적인 고농축우라늄 연료를 확보하는 방식의 단계적인 핵추진잠수함 확보 방안도 충분히 고려해 볼 수 있다.

우리가 인정하고 싶지 않지만 북한의 핵무기 보유 사실은 엄연한 현실이다. 북한 김정은 지배체제의 핵보유국을 마주하고 있는 현실에서 한국에 대한 핵공격 위험성이 상존하고 있는 절체절명의 안보위기 상황 하에서 여야를 초월한 정치권과 5천만 국민들의 합치된 안보보험인 "핵추진잠수함" 확보 의지는 중요한 대목이다.

[그림 18] 美 해군 핵추진잠수함 오클라호마시티함(SSN-723)

출처: 美 인도태평양사령부 홈페이지

1950년대 중국의 지도자 모택동은 핵추진잠수함(SSN)의 전략적 가치를 일찍이 간파한 후 "1만년이 걸리더라도 핵잠수함을 건조하라"고 지시하여 당시 연안함대 수준이었던 중국의 해군력을 현재의 원양함대 수준으로 급성장시켜 미국과 패권을 다투는 G-2의 반열에 올랐다는 사실을 잘 알 수 있다.

힘을 바탕으로 하는 강대국 중심의 국익을 우선시하는 각자도생의 글로벌 안보환경으로의 급변 상황을 인식하고 과거 한반도 침탈 전쟁의 역사적 교훈을 명확히 직시하는 가운데 미래세대에게 물려줄 대한민국호의 영원불멸한 항진을 위해 국가지도자의 통 큰 결단이 필요한 시점이다.

7. 나가는 말

세계 10대 경제강국인 한국의 급속한 경제성장에 있어 제1의 주역은 뭐니해도 수출입 물자의 안전한 해상운송이 보장된 평화로운 해양안보환경이 장기간 동안 유지되었기에 가능한 일이다.

기존의 미국 중심의 일극체제 국제질서가 무너지고 이제는 중국, 러시아, 이란 그리고 글로벌사우스국가를 비롯한 다극체제의 국제질서로 변동되고 있는 시점에서 예측하기 어려운 자국중심주의의 국제정세와 맞물려 국제 해양안보환경이 매우 유동적이며 우발적인 상황이 예상되는 엄중한 안보위기의 시대를 맞이하고 있다.

이러한 중차대한 시기에 한국의 생명선이자 번영선인 해상교통로(SLOC) 유지와 해양에서의 국가 이익과 안보 수호를 위한 해군력 강화는 이젠 선택이 아닌 필수가 되었다. 현존 북한의 핵·미사일 위협과 주변국의 잠재적 위협에 노출되어 있는 안보환경 하에서 우리의 국격과 국력 수준에 걸맞는 강력한 펀치를 날릴 수 있는 중강국의 전쟁 억제수단이자 핵심전력인 항공모함(CV)을 포함한 기동함대 건설과 핵추진잠수함(SSN) 확보는 결코 미루거나 포기할 수 없다. K-산업, K-문화가 전세계에 확산되고 있는 한국 역사상 최번영기인 현 시대 최악의 안보 위기에 대비하는 차원에서 유비무환의 자세를 견지한 가운데 국가 최대의 과업으로 선정하여 적극 추진해 나가야 할 것이다.

해양범죄와 중대재해처벌법[1]

이성철(법무법인 평산 대표변호사)

1. 해양범죄

해양범죄 사건은 필자의 『형사실무와 판례』(박영사)에서, 형법 제18조(부작위범, 세월호 침몰 사건), 형법 제187조(업무상과실선박파괴, 선박 충돌 사건 등), 형법 제250조(살인, 세월호 침몰 사건), 형법 제340조(해상강도, 소말리아 해적 사건, 남태평양 원양어선 해상강도 살인 사건), 선원법 위반(세월호 침몰 사건), 수난구호법 위반, 특정범죄 가중처벌 등에 관한 법률 제5조의12(도주 선박의 선장 또는 승무원에 대한 가중처벌), 구(舊) 해양오염방지법 위반(2007. 1. 19. 법률 제8260호로 해양환경관리법 제정, 태안반도 유류 오염 사건 등)에 자세히 서술되어 있다.

그중 필요한 부분만 설명한다.

제18조 부작위범

부진정 부작위범에서 부작위로 인한 법익침해가 범죄의 실행행위로 평가될 수 있는 경우 및 여기서의 작위의무는 신의성실의 원칙이나 사회상규 혹은 조리상 작위의무가 기대되는 경우에도 인정

---

* <바다, 저자와의 대화> 제5라운드 제162강(2024. 7. 27.)에서 발표함.

1) 바다에서 일어난 형사 범죄에 대하여 졸저 "형사실무와 판례"(박영사, 2022. 11. 출간)에 자세히 서술되어 있다. 아울러 중대재해처벌에 관한 법률에 대하여도 함께 설명한다.

되는지 여부(적극)

⚖ 대법원 2015. 11. 12. 선고 2015도6809 전원합의체 판결 [살인, 유기치사, 수난구호법 위반 등, 세월호 사건]

제187조 업무상 과실 선박파괴

1) 선박 충돌에서의 과실

⚖ 대법원 1972. 2. 22. 선고 71도2386 판결 [업무상과실선박파괴]

선박 충돌 사고에 있어서 한쪽에 과실이 있다고 하여 반드시 다른 쪽에는 과실이 없다고 단정할 수 없다.

2) 선장의 구조조치 의무와 부작위에 의한 작위의무, 인과관계(세월호 침몰 사건)

① 선장은 승객 등 선박공동체가 위험에 직면할 경우 선박공동체 전원의 안전이 종국적으로 확보될 때까지 적극적·지속적으로 구조조치를 취할 법률상 의무가 있는지 여부(적극) 및 선장이나 승무원은 선박 위험 시 조난된 승객이나 다른 승무원을 적극적으로 구조할 의무가 있는지 여부(적극)

② 조난사고로 승객이나 다른 승무원들이 스스로 생명에 대한 위협에 대처할 수 없는 급박한 상황에서 선장이나 선원들의 부작위가 작위에 의한 살인행위와 동등한 형법적 가치를 가지는 경우

③ 부작위와 사망의 결과 사이에 인과관계가 인정되는 경우

⚖ 대법원 2015. 11. 12. 선고 2015도6809 전원합의체 판결[살인, 예비적 죄명: 유기치사, 수난구호법 위반·유기치사·유기치상·해양환경관리법위반 등]

3) 선장이 갑판상에서 직접 선박을 지휘하여 사고를 미연에 방지할 업무상 주의의무가 있는 경우

대법원 1973. 9. 29. 선고 73도2037 판결 [업무상과, 업무상과실선박파괴]

선장은 선박이 항구를 출입할 때, 선박이 협소한 수로를 통과할 때, 기타 선박에 위험성이 있을 때에는 갑판 상에서 직접 선박을 지휘하여 사고를 미연에 방지할 업무상의 주의의무가 있다 할 것인바, 원심이 확정한 사실에 의하면 사고 당시인 1972. 11. 9. 17:00 경부터 다음날 03:00경까지 남해안 지역 전역에 폭풍주의보가 이미 내려 북동풍이 초속 15미터 내지 20미터 가량의 강풍이 불고 파도는 약 5미터 가량이고, 폭우가 오고 있었고, 더욱이 암야이어서 사고 당시인 1972. 11. 9. 22:10경은 전방주시가 쉽지 않고 또 동 연안 홍도, 국도 부근은 장어잡이 어장으로 주로 야간에 소형어선들이 작업을 하고 있는 해상인데 당시 조타중인 C의 동선에 설치된 레이다도 작동치 아니하고, 선두 견시도 없이 그 견시 의무를 태만히 하여 1972. 11. 9. 22:00 통영군 욕지도 근방에서 장어잡이 하는 어선을 충돌하여 본 건 사고를 일으킨 사안.

제340조 해상강도

1) 소말리아 해적 사건

토지관할을 규정한 형사소송법 제4조 제1항에서 '현재지'의 의미 (적극)

형사소송법 제213조 제1항에서 '즉시'의 의미 및 검사 또는 사법경찰관리 아닌 이에 의하여 현행범인이 체포된 후, 구속영장 청구기간인 48시간의 기산점(검사 등이 현행범인을 인도받은 때)

소말리아 해적인 피고인들의 납치 사건에서의 토지관할 및 살해

의도 여부

⚖ 대법원 2011. 12. 22. 선고 2011도12927 판결[해상강도살인미수, 선박및해상구조물에 대한위해행위의처벌등에관한법률위반 등]

2) 참치잡이 남태평양 어선 선장 등 살해 사건

선장을 비롯한 일부 선원들을 살해하는 등의 방법으로 선박의 지배권을 장악하여 목적지까지 항해한 후 선박을 매도하거나 침몰시키려고 한 경우에 선박에 대한 불법영득의 의사가 있다고 보아 해상강도살인죄로 인정한 사례

사람을 살해한 자의 사체유기 행위가 불가벌적 사후행위인지 여부(소극)

부산지방법원 1996. 12. 24. 선고 96고합492 판결[해상강도살인·사체유기 등]

부산고등법원 1997. 4. 18. 선고 97노36 판결[해상강도살인·사체유기 등]

⚖ 대법원 1997. 7. 25. 선고 97도1142 판결[해상강도살인·사체유기·폭력행위등처벌에 관한법률위반]

선원법 위반

선장은 승객 등 선박공동체가 위험에 직면할 경우 선박공동체 전원의 안전이 종국적으로 확보될 때까지 적극적·지속적으로 구조조치를 취할 법률상 의무가 있는지 여부(적극) 및 선장이나 승무원은 선박 위험 시 조난된 승객이나 다른 승무원을 적극적으로 구조할 의무가 있는지 여부(적극)

⚖ 대법원 2015. 11. 12. 선고 2015도6809 전원합의체 판결 [살인(① 피고인1에 대하여 일부 제1예비적 죄명 및 일부인정된 죄명: 특정범죄가중처벌등에관한법률위반 · 제2예비적 죄명: 유기치사 ② 피고인2에 대하여 인정된 죄명: 특정범죄가중처벌등에관한법률위반 · 제2예비적 죄명: 유기치사 ③ 피고인3 · 피고인9에 대하여 일부예비적 죄명 및 일부인정된 죄명: 유기치사) · 업무상과실선박매몰 · 수난구호법위반 · 선원법위반 등]

수난구호법 위반(세월호 침몰 사건)

수난구호법 제18조 제1항 단서에 따라 사고를 낸 선장 또는 승무원이 취하여야 할 조치는 사고의 내용과 피해의 정도 등 구체적 상황에 따라 건전한 양식에 비추어 통상 요구되는 정도로 적절히 강구되어야 하고, 그러한 조치를 취하기 전에 도주의 범의로써 사고 현장을 이탈한 것인지 여부를 판정함에 있어서는 그 사고의 경위와 내용, 피해자의 생명 · 신체에 대한 위험의 양상과 정도, 선장 또는 승무원의 과실 정도, 사고 후의 정황 등을 종합적으로 고려하여야 할 것이다(대법원 2012. 7. 12. 선고 2012도1474 판결 참조).

- 동법 제5조의12 도주 선박의 선장 또는 승무원에 대한 가중처벌

구(舊) 해양오염방지법 위반(2007. 1. 19. 법률 제8260호로 해양환경관리법 제정) (태안반도 유조선 기름유출사건)

'태안반도 유조선 기름누출사고'에서, 예인선단 선원들의 충돌방지 주의의무 위반 형법 제187조 선박 파괴 죄에서 말하는 '파괴'의 의미와 실체적 경합범에 대하여 이종(이종)의 형을 부과한 경우, 일부에만 파기사유가 있는 때 그 파기 범위

해양유류 오염사고는 전 세계적으로 발생한다. 1989. 3. 24. 알래스카 부근에서 발생한 Exxon Valdez호 기름 유출 사건, 1993.

1. 5. 스코틀랜드 부근에서 발생한 Braer호 기름유출 사건 등이 세계에서 가장 큰 유류 오염 사건으로 꼽히고 있다.

우리나라에서도 크고 작은 유류 오염 사고가 자주 발생하였다. 1995. 7. 통영군 욕지도 해상에서 씨 프린스호 벙커 씨유 기름유출 사건(선장, 용선자 형사처벌), 1995. 9. 부산 사하구 남형제도 인근에서 제1유일호 기름유출 사건(선장, 일등항해사 형사처벌), 1995. 11. 여천시 삼일항 소재 호남정유 원유 제2부두에서 호남 사파이어 기름 유출 사건(선장, 도선사 형사처벌), 1993. 9. 비지아산호와 금동호 선박충돌로 인한 기름 유출 사건(선장, 도선사 형사처벌)가 발생하여 구 해양오염방지법 위반으로 선원이나 도선사 등이 처벌받았다.

2. 중대재해처벌 등에 관한 법률에 대하여

주요 산재 사건

- 2016. 5. 구의역 스크린도어사고
- 2018. 12. 태안화력발전소 압사 사고
- 2020. 4. 이천물류센터 공사장 화재 사건 38명 사망
- 2006년경 가습기 살균제 사건
- 2014. 4. 16. 세월호 사건

이러한 사건들로 인하여 노동계, 행정부, 국회(19, 20, 21대), 검찰이 중대재해처벌법 입법을 위해 노력하였다.

중대재해에 관한 특별법 제정의 필요성

산업재해에 대한 국가의 대응: 근로자의 생명 신체 건강 보호

근로기준법(1953. 5. 10. 제정) 64-73조 위험방지 안전조치 등 규정

산업안전보건법(1981. 12. 31. 제정)으로 처벌강화, 하지만 사고 증가

해사법상 선원보호의 규정: 중세, 근대의 해사법에서도 선원보호에 대한 선주 의무인정. Oleron 6,7조, Wisbuy해법 16, 17조에 선원 재해보상에 관한 규정. 선원의 근로는 어렵고 매우 위험하며, 해상고유의 위험에 노출되었다.

ILO는 선박소유자의 책임에 관한 협약, 선원에 대한 업무상재해 방지에 관한 협약 등 채택. 현대중공업 아르곤 가스 질식사망, 구포역 열차전복사고, 서해훼리호 침몰 사고 등이 발생하였고, 마침내 세월호 침몰 사건이 발생하자 세월호 사건 1주기에 토론회를 가졌다. 일반적으로 산업재해로 인한 사망자수가 연간 천 여명에 이르렀다.

권한이 있는 곳에 책임이 있다. 기업과 경영책임자 등의 처벌은 안전사고에 대한 예방 효과가 있다. 즉 중대재해를 예방하고 시민과 종사자의 생명과 신체 보호할 필요가 있다.

〈표〉 최근 11년간 업무상사고 사망재해 추이

연도	근로자 수(명)	업무상사고 사망자 수(명)
2013	15,449,228	1,090
2014	17,062,308	992
2015	17,968,931	955
2016	18,431,716	969
2017	18,560,142	964
2018	19,073,438	971
2019	18,725,160	855
2020	18,974,513	882
2021	19,378,565	828
2022	20,173,615	874
2023	20,637,107	812

3. 중대재해처벌법이란

- 법에서 규정한 안전보건 확보의무를 위반하여,
- 중대산업재해 또는 중대시민재해가 발생한 경우,
- 사업주, 경영 책임자 등을 처벌하고,
- 법인에 대해서는 벌금형을 부과하는 내용의 법률

목적: 중대재해의 예방, 시민과 종사자의 생명과 신체보호

4. 중대재해처벌 등에 관한 법률(2022. 1. 27. 시행) 개관

헌법 제34조 6항에 따라 국가는 재해를 예방하고 그 위험으로부터 국민을 보호하고 노력해야 할 의무가 있다.

고의범, 부작위범, 결과범, 신분범(사업주와 경영책임자), 허용된 위험의 법리(고도의 기술사회에서, Erlaubtes Risiko)와 신뢰의 원칙(교통사고 등 근로자의 과실로 인하여 책임자를 처벌하는 것까지 용납 가능한지에 대한 의문 제기) 누가 무엇을 어떻게 해야 하는가? 수범자인 "경영책임자"에게 중재재해의 예방을 요구하고 중대재해가 발생하면 관리상의 책임을 물어 경영책임자를 엄벌하겠다는 취지이다.

"경영자는 대표이사 직함과 무관, 실질적인 예산이나 인력 편성 권한 있는 자"이다. 경영자는 재해예방에 필요한 인력, 예산 등 안전보건관리 체계의 구축 및 그 이행, 재해발생에 대한 재발 방지 대책 수립 및 그 이행, 행정기관의 시정명령의 이행 조치 등을 해야 한다.

5. 중대산업재해의 개념(동법 제2조 제2호)

제2조(정의) 이 법에서 사용하는 용어의 뜻은 다음과 같다.

"중대재해"란 "중대산업재해"와 "중대시민재해"를 말한다. "중대산업재해"란 「산업안전보건법」 제2조 제1호에 따른 산업재해 중 다음 각 목의 어느 하나에 해당하는 결과를 야기한 재해를 말한다.

- 사망자가 1명 이상 발생
- 동일한 사고로 6개월 이상 치료가 필요한 부상자가 2명 이상 발생한다. 동일한 유해요인으로 급성중독 등 대통령령으로 정하는 직업성 질병자가 1년 이내에 3명 이상 발생(법 제명을 '중대재해예방법'으로 변경하고, 제1조 목적도 일부 수정하려는 의원입법안이 있음)

[정의 규정의 논란]

중대 산업 재해 및 중대시민재해의 정의, 공중이용시설에 대한 정의, 공중교통수단의 범위, 산업 종사자, 상시 근로자에 대한 명확한 정의, 사업주, 경영책임자 등의 범위(공동대표의 경우), 안전 및 보건확보의무의 성격 등에 대해 논란이 있다. 결국 무죄추정에 반한다는 의견이 개진되었다.

6. 중대재해처벌법(해상)

- 항공기, 선박, 열차와 같은 장거리 대중교통 관련 작업자에게도 재해사고가 발생하고 있다. 항공기 견인 차량을 점검하다가 작업자가 끼여 결국 사고로 사망한 사고가 있었고, 선박의 경우 탐사선의 선원이 유압 수밀문(선박 안으로 바닷물이 들어오지 않도록 막는 자동문) 작동을 점검하다가 수밀문과 문틈 사이에 끼어 사망한 사고가 발생하였다. 열차의 경우도 종종 사고가 발생한다. 열차의 경우에는 철도안전법이 있고 선박의 경우에는 선박안전법, 선원법 등이 적용된다.

- 2022. 11. 대검찰청 보도 자료에 의하면 창원지검에서 중대재해처벌법 위반 사건으로 기소한 사례가 있다. 조선소 선박 수리 공사 형장에서 10미터 높이에서 추락사한 사건이다. 방호망, 안전대 부착 등 안전보건규칙상 조치 미이행한 과실로 10미터 높이에서 추락한 사망사건으로 원·하청업체 안전보건관리책임자(소장)들을 산업안전보건법 위반, 업무상과실치사로 기소하였다.(중대재해처벌법 위반으로도 고소)

- 2021. 4. 평택 항 부두에서 컨테이너 청소 작업 중 대형 컨테이너의 뒤쪽 날개에 깔리는 사고 발생, 사고 원인으로는 사고 컨테이너에 대한 전도방지 조치(고정핀)가 이루어지지 않은 점, 적절한 신호가 이루어지지 않은 점, 지게차 활용이 부적절한 점, 작업계획사, 보호구 지급하지 않은 점 등이었다.

- 중대재해처벌법 제167조－172조까지 징역형, 벌금형, 양벌규정으로 처벌한다.(7년 이하의 징역, 1억 원 이하의 벌금, 1년 이하, 벌금 500만 원 이하)

7. 중대재해처벌법 합헌성 여부

- 21대 국회에서 책임원칙→사업주와 경영책임자 등 광범위하고 불명확한 의무
- 과잉금지원칙(비례 원칙, 평등원칙)→체계정당성에 관한 법리, 과실에 대한 책임
- 명확성 원칙→치료기간 등이 논점
- 포괄적위임입법금지원칙→'재해예방에 필요한 인력 및 예산 등 안전보건관리체계의 구축 및 그 이행에 관한 조치' 위헌성은 없다. 중상해죄의 개념이 더 낫다
- 창원지법(2022초기1795 위헌법률심판제청) 기각결정

8. 중대재해처벌법 제2조(정의)의 위헌성에 대하여

법 2조 제2호 동일한 사고로 6개월 이상 치료가 필요한 부상자가 2명 이상 발생한 경우, 3호 나목에서 동일한 사고로 2개월 이상 치료가 필요한 부상자가 10명이상 발생한 경우를, 3호 다목에서 동일한 원인으로 3개월 이상 치료가 필요한 질병자가 10명 이상 발생한 경우를 중대재해라고 규정하고 있다.(의사들마다 주관적 판단이 다르고, 요치 3~4주가 구속요건이라면 상대적이다. 의사들이 어떻게 2~6개월을 측정가능한가. 의사마다 다를 수 있다. 또한 치료일수에 대하여 예컨대 손가락 절단의 경우 완치의 문제가 있다. 죄형법정주의 위배 가능성 있다는 반론이 있었다.)

9. 산업안전보건법과의 관계

산업안전보건법은 사업주를 위무 주체로 규정하면서 실질적으로는 안전보건관리책임자 등을 처벌, 중대재해처벌법은 사업주 및 경영책임자 등을 행위자로 처벌. 따라서 한 사업장에서 사업주 및 경영책임자 등과 안전보건관리책임자가 분리되어 있는 경우에는 책임주체별로 대표이사 등 경영책임자에게는 중대재해처벌법 위반죄가, 안전관리책임자에게는 산업안전보건법 위반죄가 각 성립하게 된다.

10. 업무상과실치사상죄와의 관계

중대재해처벌법에 의한 안전 보건 확보의무 위반이 인정되지 않는 경우라도 해당 업무와 관련하여 일반적인 주의의무 위반이 인정된다면 이론상 업무상과실치사상죄는 성립한다. 상상적 경합 관계는 아니다.

11. 징벌적 손해배상책임

하도급공정거래에 관한법률 제35조 제2항, 신용정보법 제43조 제2항, 대리점공정거래화에 관한 법률 제34조 제2항, 정보통신망이용촉진 및 정보보호등에관한법률 등에 규정 징벌적 손해배상을 규정하고 있다.

중대재해처벌법 제15조 "손해액의 5배를 넘지 않는 범위에서 배상책임을 진다" 고 규정하였다. 아직 징벌적 손해배상을 선고한 사례는 없는 것으로 보인다.

다만 기업이 중소기업의 기술을 빼돌린 사례에서 두 배의 징벌적 배상을 선고한 사례(서울고등법원 2021. 12. 23. 선고 2020나2032402 판결)가 있다.

12. 중대산업재해와 수사

경찰: 업무상과실치사상죄, 안전보건관계 법령 위반 조사

노동청 근로감독관: 산업안전보건법, 중대재해처벌법 위반 조사

검사: 2차 수사. 초기조사는 사고원인규명에 집중>산업안전보건법 위반과 재해사이의 인과관계 수사

중대재해처벌법 위반과 중대 재해 사이의 인과관계 수사(상시근로자 ─ 종사자 해당여부, 중대재해해당여부, 6개월 이상 부상자 여부 등 조사)

경영책임자인지 조사>조직체계, 의사결정과정, 업무분장, 결재서류, 예산관계서류 조사>관계자 소환 조사 압수 수색>

업무상 과실치사상죄 구체적 직접적 주의의무를 전제로 함, 중대재해처벌법은 안전보건 확보의무(체계 구축, 관리상의 감독 의무 위반)

2023년 510건, 고용부와 검찰, 기소 40여건 판결 15건(실형 2건, 집유 13건)

* 중대시민재해와 수사 – 경찰이 검찰 수사 지휘 없이 중대재해처벌법, 산업안전보건법 위반 등 수사 가능

13. 중대재해처벌법 영향과 대책

- 대기업군: 컴플라이언스(법규준수, 준법감시, 내부통제 등 법률위반 행위 차단)
- 중견기업군: 중대재해처벌법에 대한 대처가 다양하다.
- 중소기업군: 준비 부족, 제한된 자원, 열악한 시설

중대재해 인명사고발생하면 근로감독관이 신속히 작업 중지명령, 그런데 작업 중지 해제는 평균 40.5일 소요

이제 5명이상 50인 미만 기업, 정부, 근로자, 책임자 등 해답을 찾기 위해 노력 중

기업 경영의 목표가 '안전경영'

고용노동부, 검찰, 법원, 변호사회, 로펌에서 중대재해처벌법에 대한 연구와 논의가 계속되고 있다.

중대재해처벌법상 안전보건관리체계 구축의무가 요망된다.

제 4 부

해양문화 · 해양인문학

바다, 배 그리고 별

김인현(고려대학교 법학전문대학원 명예교수, 선장)

1. 들어가며

이 책은 필자가 2018년 10월부터 동아일보에 "김인현의 바다, 배 그리고 별"이라는 제목으로 발표한 수필 겸 칼럼을 모은 것이다. 전반부에 발표한 50개의 칼럼을 모아서 『바다와 배, 그리고 별(I)』(법문사, 2024)로 책이 나왔다. 앞으로 이코노미 조선(Economy Chosun)에 기고될 내용을 포함하여 제2권을 펴낼 예정이다. 바다 공부 모임에서는 50개의 칼럼 중에서 15개의 에피소드를 골라서 발표하였다.

2. 어느 별에게 물어볼까요?(제2화)

옛날 오래된 항해방법으로 위치를 구할 때에는 별을 이용하였다. 항해사들은 새벽과 일몰시 두 차례에 섹스탄트(sextant)라는 기구를 손에 들고 별을 찾는다. 5개의 별자리를 수평선 위에 놓으면서 그 별의 고도를 잰다. 계산식에 따라 5개의 선을 만든다. 그 선이 만나는 지점이 바로 현재의 위치이다.

그런데, 이런 별을 이용한 위치 구하는 방식은 안개가 끼거나 흐리면 위치를 구할 수 없는 한계가 있었다. 레이더가 개발되었다. 물

---

* <바다, 저자와의 대화> 제5라운드 제157강(2024. 5. 18.)에서 발표함.

섹스탄트(Sextant)

표에 반사되는 신호를 받아서 위치를 내는 것이다. 이 또한 먼 바다에서는 물표가 없기 때문에 위치를 낼 수가 없다.

현재는 인공위성을 통한 내비(Navi)로 경도와 위도가 바로 나와서 위치 구하기가 자동화되었다. 우리가 마음대로 편하게 사용하는 내비는 해군이 개발하여 선박에 사용된 것에서 유래한다. 이와 같이 이 세상에는 선박에서 유래한 것이 많이 있다.

3. 흑산도에는 여성 선장이 있다(제3화)

여성은 선박에서 금기시되었다. 우리나라에도 이런 전통은 이어졌다. 내가 만난 첫 여성 선장은 킹스포인트의 여자 교수였다. 그는 텍사스 해양대학을 나와 선장을 마친 다음에 도선사로 근무하다가 교수가 되었다고 자신을 소개하였다. 멋있었다.

목포해양대학교에서 교수생활을 하던 때였다. 작은 어선의 선장을 위한 소형면허시험에 면접관을 할 때였다. 나의 면전에 건강해 보이는 중년 여성이 나타났다. 어선과 상선이 만났을 때 피항하는 방법을 물었는데 제대로 답을 하지 못하였다. 대신 흑산도로 놀러 오시면 남편과 함께 잘 모시겠다고 말하였다. 내가 만난 첫 여성 선장이었다.

세월이 많이 흘렀다. 그 후 여성도 금기시되던 해양대학에 입학이 가능하게 되었다. 상선에는 이제 선장도 여럿 배출되었고 도선사에까지 여성이 진출하였다.

4. 아찔한 미션, 원목을 수송하라(제5화)

복원성은 물체가 한쪽으로 기울어졌을 때 제자리로 돌아오는 힘이다. 선박도 복원성이 없으면 전복되어 침몰하게 된다. 원목선은 갑판 위에 화물을 많이 싣기 때문에 복원성이 나빠지는 대표적인 위험한 선종이다. 이런 류의 선박으로 자동차 운반선, 여객선이 있다. 세월호의 경우도 아래에 실었어야 할 무게를 위의 높은 곳에 부과하였기 때문에 복원성이 나빠서 전복사고가 일어난 것이다.

나는 2등 항해사, 1등 항해사를 할 때 원목선을 운항하였다. 위험한 고비가 참 많았다. 원목의 화주는 콜롬비아 강을 따라 원목을 다발로 싣고 와서 접안한 선박에 실어준다. 그런데, 출항하기 전날 1등 항해사는 하역작업을 멈추고 복원성을 계산한다. 더 이상 높은 곳에 원목다발을 실을 수 없다고 결정이 나면 이에 따라야 한다. 화주는 제발 싣고 가달라고 사정사정을 한다. 남은 화물을 다시 싣고 상류로 올라가는 비용이 운송료보다 더 비싸다고 한다. 여기에 유혹되면 안 된다.

복원성이 좋은 배는 자주 좌우로 움직인다. 그렇지만, 복원성이 나쁜 배는 서서히 움직인다. 서서히 배가 움직이면 탁구를 치기도 좋다. 경험이 없는 선원은 서서히 움직이는 안락한 선박을 좋아한다. 아니다. 이런 선박은 복원성이 좋지 않아서 곧 전복될 위험이 있다. 조심하여야 한다. 선박은 아래에 짐을 많이 실어야 복원성이 좋고 안전하다는 점 잊지 말자.

5. 적도의 붉은 선을 찾아보시게(제6화)

적도(赤道)는 한자로 보면 붉은 선이다. 적도는 무풍지대이기 때문에 옛날 범선은 움직이지 못하였다. 적도 부근은 습윤하다. 그래서 선원들은 한시바삐 적도에서 벗어나기를 원하였다. 용왕님께 소원으로 빌었다. 적도제라는 제사가 탄생하였다.

선장들은 처음 배를 타는 항해사에게 적도를 지날 때 붉은 띠를 찾으라고 지시한다. 항해사는 찾으려고 노력한다. 찾을 수가 없다. 나의 경우도 그랬다. 선장님께 “붉은 띠가 보이지 않습니다.”라고 말하였다. 선장님은 해도 위에 붉은 선이 있을 뿐이라고 말하였다. 해도에는 각종 항해관련 정보가 들어있다. 위도와 경도도 나와 있다. 선장이나 고참 선원들이 처음으로 선박에 승선하는 항해사나 선원을 놀려먹는 수단으로 사용한 것이다.

적도를 지나지 않는 선박은 180도를 지날 때 즉 동반구에서 서반구로 넘어갈 때 적도제를 대신하여 용왕님께 제사를 지낸다. 한국해양대학교의 공식적인 학교축제의 이름이 적도제이다.

6. 레이더보다 우수한 징소리 레이더(제8화)

레이더가 없던 시절 안개가 자욱할 때에는 물표가 없기 때문에 닻을 놓기가 어려운 상황이다. 산과 섬을 보고 안전한 곳에 닻을 놓아야 한다. 안개가 끼었기 때문에 이를 알 수 없다. 선장은 선원에게 징을 가지고 앞에서 두드리라고 하였다. 징소리를 듣고 닻을 놓으라는 명령을 내렸다. 안개가 걷힌 다음 보니까 기가 막힌 자리에 닻이 놓여 있었다.

이 선장의 이름은 신성모이다. 그는 국무총리 서리와 국방부 장관을 지낸 엑스트라 선장이었다. 바다에서 전설로 통한다. 징을 울리게 하여 육지에 반사된 소리를 듣고 자신의 선박이 어느 정도 떨어져 있는지 판단하여 닻을 놓을 위치를 정했던 것으로 보인다.

지금도 징은 선박이 법적으로 갖추어야 할 기구의 하나이다.

7. 다리 9개 말린 오징어 "내 다리 내놔"(제9화)

오징어 건조는 1970년대 동해안 중요한 생계수단이었다. 농촌에서 소가 낳은 송아지가 큰돈이 되었던 것과 같다. 오징어 건조는 여러 단계를 거치면서 생오징어가 마른오징어라는 제품이 된다. 바다에서 잡아온 생물을 아버지가 경매하여 산다. 오징어 배를 갈라서 내장을 버린 다음 깨끗하게 바닷물에 씻어낸다. 막대기에 쳐둔 줄에 오징어를 늘게 된다. 다리가 붙지 않도록 손질을 한다. 다시 걷어서 모양을 만든다. 3~4일 지나면 피덕피덕해진다. 이것을 1~2개월 그늘진 곳에 말리면 하얀 분이 피면서 완제품이 된다.

20마리로 한 축을 만들 때 사이사이에는 다리가 9개인 오징어가 들어간다. 오징어 다리는 원래 10개인데, 어머니들이 아이들 도시락 반찬을 위해 하나씩 떼어서 사용하였다. 결국 오징어 다리는 9개라고 잘못 알려지기도 하였다. 애교로 봐줄 수 있는 사항이다.

오징어 건조는 할머니 할아버지, 아버지 어머니 그리고 동생들이 모두 모여 협업으로 이루어진 일이었다. 가족 모두의 정성이 들어가는 협업이었다. 그리고 각자가 할 일이 따로 정해져 있었다. 아버지가 해야 할 가장 큰 일은 자금을 구해오는 일이다. 100만원을 구해오면 6개월 뒤에는 300만원으로 오징어를 팔 수 있었다. 학동들은 새끼줄에 오징어를 걸어주고 손질하는 일이다. 할머니는 모양을 만드는 일을 담당하였다. 협업으로 이루어지는 오징어 건조과정을 거치면서 가족들 간 사랑과 우애는 더 깊어갔다.

8. 위험한 바다에는 조심 또 조심해야(제11화)

바다는 위험하다. 북태평양을 건너서 우리나라로 올 때의 일이다. 저기압을 만나면 선수(선박의 앞부분)로 파도를 받아야 하므로 선박의 선수가 우리나라가 아니라 미국으로 향하는 상황이 된다.

잔잔해진 다음 선수를 한국으로 향하게 하여야 한다. 여전히 큰 너울이 있다. 옆에서 큰 파도를 받으면 큰일이다. 선박이 전복될 위험이 있다. 항해사였던 나는 배를 원위치하려고 하였지만 멀리서 지켜보던 선장이 멈추도록 지시하였다. 큰 너울이 오고 있었기 때문이다. 선장님은 "3등 항해사, 아직 더 경험을 쌓아야겠다."라고 말하였다.

바다라는 특수성 때문에 선장은 항상 플랜 B를 가지고 있어야 한다. 선배 선장이 곧 선장으로 진급할 나에게 말하였다. "배는 위험하니까, 항상 플랜 B 그리고 플랜 C를 가지고 있어야 한다"라고 말이다. 육지에서는 플랜 B만 말하지만, 해상에서는 플랜 C까지 준비하여야 한다.

9. 앵커(제17화)

선박에서 닻(앵커)만큼 신기한 것도 없다. 10톤짜리 닻이 10만 톤 선박을 멈추도록 한다. 선박은 닻을 중심으로 빙글빙글 돌아간다.

선박에서 전설과 같이 내려오는 이야기가 있다. 날씨가 좋았는데 선박이 얼마 전진하지 못하였다. 이상하게 여긴 선장이 확인하여 보라고 하였다. 닻이 풀려서 선박 아래로 깊이 내려가 있었기 때문에 속력이 나지 않았던 것이다. 선장은 용접으로 닻줄을 끊어서 바다에 버리게 되었다. 해서는 안되는 조치였다. 이를 보고받은 회사에서는 야단이 났다. 귀중한 닻을 버렸기 때문이다. 얕은 곳으로 선박을 이동시켜서 기계장치로 감아서 올릴 수도 있었는데 이런 조치를 취하지 않은 선장은 문책을 당하였다.

콜럼비아 강의 부두에서 이동작업을 하다가 조류에 밀려서 배가 떠내려갈 지경이었다. 마지막 한 바퀴 밧줄이 배의 장치에 걸려있다. 정말 큰일이었다. 위기의 순간이었다. 경험이 많은 갑판장이 "1등 항해사님, 닻을 풀어서 놓읍시다"라고 소리를 쳤다. 나는 닻 투하(let go anchor)라는 명령을 내렸다. 챠르르 하면서 닻이 풀려서 내려갔다. 기적같이 제자리에 선박이 섰다. 절체절명의 순간이었다.

TV의 뉴스 담당인 앵커라는 용어도 선박의 닻이라는 용어에서 나왔다. 뉴스는 그를 중심으로 돌아가므로 닻의 기능과 같다.

10. 어려울 때일수록 바다로 나가자(제24화)

어려울 때 바다로 나가면 긍정적 결과가 나온 경험을 많이 하였다. 그래서 나는 어려울 때일수록 바다로 나가자고 강조하고 싶다.

나의 조부님은 일본에서 사업을 하시다가 귀국을 하면서 모은 재산으로 어선을 한 척 구입하여 왔다. 동해안에서 수산업에 성공하였다. 집안의 경제사정이 좋지 않아 나는 국비로 학교를 다닐 수 있는 한국해양대학을 택하였다. 바다를 항해하는 선박을 운항하는 선원이 되어 많은 수입을 얻어서 동생들이 대학을 다니게 하였다. 집안을 일으킨 것이다.

교수로 있으면서도 바다는 도움이 되었다. 제자들을 해상변호사로 만들어주고 싶었다. 취업이 되지 않은 제자에게 매력적인 경력을 더 쌓아주기 위해서 승선실습을 다녀왔다. 곧 바로 제자가 대형

로펌에 취업되었다.

11. 샤클과 로프(제31화)

샤클은 선박에서 두 개의 물건을 연결시켜 주는 작은 고리모양이다. 로프는 두 개의 물건을 연결시켜 주는 길고 두꺼운 줄이다. 소중하다. 칼럼이라는 글도 나와 독자들을 연결시켜 주는 샤클과 같다.

조부님은 어선 3척을 운영하고 있었기 때문에 물건을 넣어두는 창고가 필요하였다. 창고에 개구멍이 있었다. 동네 형들이 나를 불러서 개구멍으로 들어가서 작은 쇠붙이를 가져오라고 하였다. 엿방에 가서 엿과 바꾸어 먹었다. 엿방 주인이 조부님에게 알렸다. 조부님에게 나는 불려가서 혼이 났다. 나중에 알고 보니 내가 슬쩍해간 것은 다름 아닌 샤클이었다.

샤클(Shackle)

12. 평생의 동반자 등대(제32화)

등대는 선원들에게 뱃길을 가리켜 준다. 등질이 서로 다르기 때문에 어느 위치에 있는 등대인지 알게 한다. 어떤 등대는 10초에 한번, 어떤 등대는 5초에 한번 깜빡이도록 한다. 어선의 선장들이 이런 성질을 잘 파악하지 못하면 엉뚱한 항구로 찾아들어간다.

등대는 선박에게 길을 가리켜 주는 역할을 한다. 그런데 이를 향해서 막 달리면 얕은 곳으로 들어가서 좌초사고가 발생한다.

등대에 최근 관광과 숙박 기능이 추가되었다. 오동도와 장기갑 등대가 대표적이다. 등대는 바닷가에 설치되어 경관이 좋다. 한적한 곳에 설치되어 조용히 시간을 보내기에 좋다.

우리 집 뒷산에 위치한 축산항 등대는 유년시절 우리 집을 찾아가게 하는 큰 물표로서 기능하였다. 선원시절 등대는 안전의 길잡이였다. 대학교수인 지금 등대는 해상법과 해양수산 발전에 이바지하라는 방향을 나에게 제시한다. 등대와 항상 함께했기에 나는 긍정적인 마음으로 내가 정한 인생의 목표를 잃지 않고 꾸준하게 한 걸음씩 나아갈 수 있었다.

13. 다양하고 까다로운 화물손님들(제40화)

정기선과 달리 부정기선은 다양한 화물을 싣는다. 나는 부정기선을 많이 탔다. 부정기선을 타면 여러 항구를 방문할 수 있다. 참으로 다양한 화물을 많이 싣고 다녔다.

선장이 나에게 물을 싣고 태평양의 작은 섬에 간다는 것이었다. 선창을 깨끗이 청소하였다. 식용수를 운반한다는 것이 믿겨지지 않았다.

첫 배는 유조선이었다. 페르시안 걸프에서 미국이나 한국으로 기름을 실어 나르는 것이 통상이다. 그런데 우리 배는 페르시안 걸프에서 홍해의 얀부라는 항구로 기름을 이동시켰다. 전쟁이 나면 미국이 기름을 가져오지 못하므로 안전한 곳인 홍해의 안에 기름을 저장하는 기획을 한 것이었다. 우리 배는 매주 한 번씩 사우디의 서부와 동부를 피스톤 항해를 한 것이다.

뉴올리언즈에 들어가서 옥수수를 싣고 왔다. 밑바닥이 따뜻해져서 옥수수가 싹이 터서 손해가 발생한 경험도 있다. 선박의 아래에는 선박연료유를 사용하는 기름 탱크가 있다. 조금 딱딱해진 기름을 사용하기 위해서는 열을 가해서 묽게 해야 이동이 쉽다. 이렇게 가열된 바닥의 위에 화물창이 있다. 그래서 여기에 실린 옥수수도 따뜻하여진다. 옥수수가 열을 받아서 봄이 온 것으로 착각하여 싹이 트게 된 것이다.

14. 퇴선명령과 전화위복(제45화)

선장시절 좌초사고가 났다. 퇴선명령은 선장으로서는 정말 피하여야 하는 단어이다. 나는 퇴선명령을 내렸다. 다행히 선원들은 다치지 않았다. 나는 이를 극복하고 오늘에 이르렀다. 이 사고가 전화위복의 계기가 되었다. 바다에서 큰 사고가 있으면 선장들은 바다를 떠나지만, 나는 평생 바다를 떠나지 않았다. 한 우물을 팠다.

15. 까다로운 파나마 운하의 담수수역(제47화)

세계적으로 유명한 운하로는 파나마 운하와 수에즈 운하가 있다. 운하는 두 곳의 바다를 육지와 연결시켜 둔 곳이다. 수에즈 운하를 통과하면 아프리카 남단의 희망봉을 돌아가야 하는 수고를 들 수 있다. 운하는 항해기간을 단축시켜 해상운송에 편익을 제공한다. 파나마 운하를 통과할 때 한국인 도선사가 있어서 반가웠다. 우리 배의 선장님과 동기생이라서 즐겁게 이야기하던 모습이 생각난다.

선박의 운항에는 기초적인 과학이 응용된다. 이를 잘 알아야 한다. 파나마 운하는 담수구역이다. 해수비중이 1.025이지만 여기는 1.000이다. 그래서 선박이 해수에 있을 때보다 담수로 들어가면 더 가라앉게 된다는 말이다. 그렇기 때문에 부산항을 떠나 바다에서 항해할 때보다 파나마 운하로 들어오면 선박이 10센티미터 이상 더 가라앉는 점을 숙지하여야 한다.

파나마 운하를 통과하기 위한 배의 깊이가 10미터 10센티미터라면 한국 부산항을 떠날 때는 10미터가 될 때까지만 짐을 실어야 한다. 이렇게 한 달 뒤의 상황을 대비해야 하였다. 선박생활을 통하여 저 멀리를 내다볼 수 있는 힘을 길렀다.

16. 사람의 국적, 선박의 선적(제48화)

첫 배에 승선하였다. 선박이 라이베리아 깃발을 달고 있었다. 일본 선주가 실제 소유자라고 했는데 일본이 아니라 라이베리아에 등록이 되었다고 하니 이상하였다.

사람도 태어나면 국적을 가진다. 이와 같이 선박도 등록항구에 따라 선적을 가진다. 부산항에 등록을 하면 한국 깃발을 가지게 된다. 한국의 선주만 한국에 등록할 수 있다. 이와 무관하게 선박을 등록하는 제도를 편의치적이라고 한다. 위 선박은 이와 같은 편의치적선이다.

1985년 파나마 선적의 배를 타고 중국 칭따오에 입항하였다. 그 당시 우리나라는 중국과 비수교 관계였다. 그런데 중국정부에서 우리 한국선원이 상륙이 가능하다고 하였다. 우리 배가 한국 선적이었으면 수교가 없었으니 입항이 아예 불가하였을 것이다. 아주 싼 값으로 맛있는 점심과 저녁을 먹고 만리장성까지 구경하는 데 10달러도 들지 않았다. 편의치적 덕분이었다.

우리 조선소에서 건조된 선박이 우리나라에 등록할 수 있도록 선박법을 개정하면 어떨까? 우리나라는 소유자가 한국인인 경우에만 등록이 가능하다. 선주가 선택적으로 우리나라에 등록하여 한국 깃발을 달 수 있게 한다면 세계 최대 등록국이 될 것이다. 삼성전자, 현대 중공업에 이어서 세계 1위를 달성하여 또 하나의 국격 상승의 이벤트가 될 것이다.

17. 인도양 한복판에서 영어 "열공"(제10화)

1982년 첫 배를 탔는데 사우디 아라비아의 얀부와 라스타누라를 왕복하는 배였다. 고국 소식이 궁금하던 차에 통신 국장님이 나를 불렀다. 미국의 소리(Voice of America) 영어방송을 알려주었다. 이때부터 나는 단파방송을 듣기 시작하였다. 항해 중에서 육지소식을 알게 되니 신기하기도 하고 기분이 좋았다.

영어방송에 재미를 느끼면서 이제는 육지에서 책방에서 중고영어책을 사서 승선 중에 읽게 되었다. 한 척에서 6-7권을 책을 읽고 하선하였다. 미국의 항구에 들어가면 중고서적을 찾는 것이 일상이 되었다.

"제3의 물력", "뿌리", "아이아코카 자서전", "케네디 자서전" 등이 지금도 소장하고 있는 책이다. 가장 기억에 남는 것은 윈스턴 처칠의 "영어권 민족사"라는 책을 질로 모두 구입한 것이다. 1989년 미국 찰스턴에 제4권이 있어서 얼른 구입하였다. 이듬해 캐나다 밴쿠버에서 제1, 제2권을 구입하였다. 제3권이 없었다. 나는 이 항구 저 항구를 들릴 때마다 제3권을 찾으려고 하였지만 번번이 실패하였다. 포기하려던 찰나, 1992년 호주 시드니에서 그 책을 찾았다. 나는 책을 사면 산 장소와 일자를 적어두는 버릇이 있는데 그 덕분으로 지금도 과거를 정확히 회상할 수 있다.

배를 타면서 많은 선물을 사고 가지고 있기도 하였지만, 이때 모은 영어책 60권은 나의 소중한 보물이다. 이때 쌓은 영어실력이 나중에 대학원 입학시험 등에 크게 소용이 되었다.

18. 선상의 탁구 결투(제12화)

선박에서 할 수 있는 운동은 많지 않다. 가장 쉽고 많이 하는 운동이 탁구이다. 점심을 먹고 2-3명이 어울려서 탁구를 친다. 한 시간 가량 스매싱을 하고 나면 몸도 마음도 가벼워진다. 나는 탁구를 잘 쳐서 여기저기에 불려 다니기도 하였다.

외국항구에서 탁구 대결이 벌어진 진귀한 경험이 있다. 항해 중 우연히 알게 된 한 선박의 1등 항해사가 양 선박이 나란히 부두에 접안하게 되자 탁구 경기를 제안하였다. 나는 혈혈단신으로 탁구채 하나만 가지고 그 배에 올라갔다. 나에게 우선 그 배의 6등 선수와 먼저 게임을 하라는 것이었다. 가볍게 내가 이겨주었다. 5등, 4등, 3등도 차례로 이겼다. 경기 내내 상대방 선원들의 응원소리가 시끌벅적하였다. 나는 결코 그 일방적인 응원소리에 기가 죽지 않았다. 다음 상대는 1등 항해사였다. 돌연 그는 다음에 하자며 경기를 접었고 이렇게 하여 나의 사실상 승리로 선상의 탁구대결은 끝이 났다.

승자에 대한 예우도 톡톡히 받았다. 그 선박은 알라스카에서 연어를 운반하는 선박이었는데 연어를 몇 마리 선물로 받은 것이다. 시끌벅적한 파티를 즐겼다. 10년 이상 배에서 친 탁구 덕분에 나는 날씬한 몸매를 잘 유지하고 있다.

19. 선거운동에 쓰인 조부의 어선(제14화)

나의 할아버지는 일본으로 건너가 20년 일군 운수업을 접고 귀국하면서 어선 한 척을 구입하여 오셨다. 3척으로 어선은 늘어났다. 6·25 전쟁이 터지자 우리 가족들과 어선 선원들의 가족을 모두 싣고 울산의 방어진으로 먼저 내려가서 피난생활을 하였다. 전황이 나빠지자 다시 부산 영도로 갔다. 어선을 가지고 조업을 하면서 다른 사람들보다 피난생활을 편하게 하였을 것이다.

1952년 지방자치가 처음으로 도입되면서 조부님은 도의원선거에 나섰다. 선거구가 해안가를 따라 있었다. 당시는 막걸리 선거였다고 한다. 조부님은 우리 어선에 막걸리를 싣고 이 마을 저 마을로 다니면서 선거운동을 하였다. 결국 당선이 되셨다.

조부님이 어선의 선주였던 사실은 내가 상선의 선주들과 인사를 할 때에도 도움이 된다. 어선이 규모가 작기는 하지만 선박의 소유자인 선주라는 점에서 같기 때문에 나는 큰소리를 친다. "저도 선주의 아들이자 손자입니다. 그래서 선배님과 동급입니다"라고 말이다.

삼광호

해양소설집 『아디오스 땅고』

하동현(원양어선 선장, 해양문학가)

1. 들어가며

이 책, 『아디오스 땅고』는 작년 가을(2023년 9월) 필자가 출간한 해양소설집이다. 타이틀은 스페인어 Adios Tango 음을 차용한 '탱고여 안녕'이란 의미이다.

제167강 발표는, 소설 내용을 알리기보다 현장 사진을 위주로(해양작가 이윤길 선장 제공분 포함) 원양어선의 일상과 노동, 즉 바다에서의 어로작업을 알리는 데 주안점을 두었다. 조업 현장을 알리려는 목적이라면, 전문 특수 용어에 대한 설명을 곁들인 시각 위주 강의가 효과적이라는 판단이었다.

하지만 강의 타이틀이 이 해양소설집이었으므로, 책의 내용에 대한 설명이 있어야겠기에 먼저 작가의 말, 추천사 발문 일부, 또 서평을 차례로 소개한다.

작가의 말

늦은 나이에 입문해 말이 되는지 글이 되는지 분간도 못하며 끄적거렸던, 거칠고 투박한 몇 편 글을 묶어낸다. 바다를 주 무대로 전문용어를 쓰는 본격 해양소설도 있지만, 뭍에서도 거북하게 이어

---

* <바다, 저자와의 대화> 제5라운드 제167강(2024. 10. 5.)에서 발표함.

지는 땅 멀미 같은 다양한 뱃사람들 삶의 결을 풀어보고 싶었다.

만감이 교차한다. 멋쩍고 부끄러움이 먼저다. 바다와 한 판 맞장 떠보겠다던 젊고 무모했던 천방지축 뱃놈 시절, 출가의 길처럼 멀고 아득하던 첫 뱃길까지 겹쳐 떠오른다. 누군가가 책을 펴낼 때 자식 하나를 세상에 내보낸다는 표현을 썼던데, 이제 그 심사를 짐작이나마 할 수 있겠다.

몇 년 짬밥이랍시고 주워듣고 본 건 있어서 시간 지난 서툰 글들을 다시 손보고 싶은 욕심도 있었다. 죽었다 깨어나도 뜻대로 되지 않는 문장, 제대로 연마하지 못해 질질 늘어지는 호흡 같은 것들을. 하지만 어설퍼도 그것 또한 나 자신이기에 그대로 두기로 한다.

바다를 떠나서 배를 떠나서, 오리무중 헛갈리기만 했던 세상을 이러구러 살아오며 늘그막에 하필이면 택한 이 길, 지지리 궁상에 돈도 안 되는 이 길을 허락해 준 가족에게 미안하다.

과연 내가 가야 할 바른길인지, 어디로 가고 있는지에 대한 해답은 아직도 의문이다. 어쩔 수 없지 않나. 나를 바꿀 필요도 없다. 할 수 있는 것에 최선을 다하고 할 수 없는 것들을 기꺼이 포기하며, 바다에서 그랬던 것처럼, 파도와 바람에 거역하지 않고 나를 내맡겨 표류하는 수밖에.

부산문화재단의 지원이 있었다. 발문을 마련해주신 문성수 선배님, 첫 독자처럼 꼼꼼히 읽고 교정을 봐주신 도서출판 가을의 정연순 대표와 오창헌 시인에게 감사의 마음을 전한다. 여럿 스승도 만나고 도반들도 생겼다. 모두에게 고맙다. 감히 대놓고 언급하기보다 마음속으로만 일일이 호명하며 정중히 고개 숙인다. 그게 더 나답다는 걸 그분들이 먼저 아실 것이니(2023년 초가을, 하동현).

발문(추천사) 일부 – 소설가 문성수

하동현, 그는 부산에서 태어나 자라면서 국립 수산대학(현 부경대학교) 어로학과를 나왔다. 1984년 졸업하자마자 원양어선 항해사로 승선하여 라스팔마스, 뉴질랜드, 포클랜드 어장을 20여 년 동안 누비면서 바다에 긴 항적을 남겼다. 약관 만 28세에 선장 직위에 올랐으니 젊음을 바다에 바친 뜨거운 열정과 그의 조업 능력을 쉽게 짐작할 수 있다.

그가 수산대학 어로학과로 진로를 결정하게 된 계기는 그의 해양 산문집 『양망일기』(2021년) 중 '마린보이의 꿈'에 나타나 있다. 가난에 온 식구가 발목 잡혀 있던 청소년 시절, 등록금도 싸고 졸업 후 승선 5년이면 특례보충역으로 군필 혜택도 있고 무엇보다 간부 선원의 급료가 타 직종보다 매우 높다는 현실적 이유 등이 그를 바다로 이끌었다고 회상하였다.

그러나 그 이면에는 팍팍한 현실을 벗어나 어디론가 새로운 세상을 향해 무작정 떠나고 싶다는 젊은 시절의 꿈이 내재하여 있었고, 아득히 먼 낯선 곳에 나를 놓아둠으로써 현실 속의 내가 아닌 진정한 나를 찾기 위한 여정으로 바다를 선택하였는지 모른다.

지금도 삶의 진실과 대화하고 싶을 때 극한의 선상 생활이 궤적처럼 남은 바다를 불러내고 바다에 대한 감을 잃지 않기 위해 시운전하는 배를 타고서라도 가끔은 바다로 나간다고 술회한 것만으로도 알 수 있다. 배에서 내린 후 육상근무를 하게 되면서 그는 먼 고향으로 되돌아가듯 재학시절 문학 서클인 '해양문학회'에서의 활동 경험을 되살려 소설 집필에 주력하였다.

한바다에 나가 파도와 싸우는 것과 같은 치열한 각고의 결과로 2016년 등단하였고 그 이후 짧은 기간 동안 '토지문학제 평사리문학대상'(「넬라 판타지아」), '등대문학상'(「간절곶 등대에서 길을 묻는다」), '여수해양문학상'(「헥토파스칼, 여수」), '금샘문학상'(「피안의 춤」), '한국해양문학상'(「야만의 바다」)을 잇달아 수상하면서 놀라운 그의 소설 능력을 보였다.

이는 오랫동안 묵혀 놓았던 문학적 상상력이 직접 체험과 함께 발효되면서 저절로 흘러넘친 결과가 아닌가 여겨진다.

하동현에게 바다는 운명이다. 바다는 마치 옹이처럼 가슴에 박혀 빼내 버릴 수도 없고 그렇다고 잊을 수도 없는 존재 근원의 아픔이다. 그런데도 그의 작품 모두가 바다를 전경화하지 않는다. 해양 작가 대부분이 해상 생활을 구체적으로 서사화한 인파이터라면 그는 일정한 거리를 유지한 아웃파이터다.

물론 몇 작품은 사방이 수평선뿐인 선상의 고독과 인간의 욕망 그리고 자연의 위해를 직접적으로 묘사하고 있다. 하지만 대부분의 작품은 바다를 향한 작가 의식이 반영되고 있을 뿐 해양소설이라는 한 가지 색채로만 묶어내기 어려운 작품들이 많다. 왜냐하면 그가 이 작품집에서 보여 준 소설적 상상력은 매우 다양하고 지극히 보편적인 삶의 일반성을 다루고 있기 때문이다.

그러나 그가 내미는 잽이나 펀치는 묵직하다. 간결하면서도 치밀한 장면 묘사와 문체의 안정감은 주제 형성의 강력한 구심점 역할을 하고 있고, 경험 과잉에서 오는 감정과 정서를 적절하게 제어하는 그의 서사 능력은 인물과 행동 속에 유기적으로 녹아있다. 선정적 소재주의나 지나치게 파편화된 개인 서사가 늘어나는 요즘의 소설 현장에서 담백하면서도 선 굵은 남성적 서사를 만나기란 쉬운 일이 아니다.

바다를 통해 다양한 인간사를 다루고 있는 그의 문학세계가 더욱 깊어지길 바라는 이유다. 다음 작품집을 기대한다.

목차와 내용 요약 – 소설가 문성수

이번 소설집 『아디오스 땅고』에는 6편의 중 · 단편이 실려 있다. 개별 작품들이 지향하는 목적지와 소재 배경은 서로 다르나 일관되게 흐르고 있는 것이 있다면 그것은 '만남과 헤어짐', '떠남과 되돌아옴'의 변주가 아닐까 생각한다. 그렇기에 인물들은 길 위에서 번민하고 성찰하면서 각자가 꿈꾸는 삶의 지도를 그려나간다.

- 히말라야 네팔 출신 이주노동자가 원양어선에 승선하여 한국인 선장 권 씨를 만나고 그와의 인연으로 여수 바다에 정착하여 이질적인 삶을 극복하여 나가면서 다시 새로운 세상을 꿈꾼다는 「헥토파스칼 여수」,

- 방황과 번뇌 끝에 도달한 영원한 안식처인 동래입춤 춤판을 회상하는 노인과의 만남으로 오랫동안 헤어져 있던 아들의 처지를 이해하고 화해에 이르는 「피안의 춤」,

- 아르헨티나 시골 부두에서 승선 대기 중 만난 이국 소녀와의 만남과 이별의 아픔, 그러면서도 다시 운명처럼 바다로 떠나야 하는 「아디오스 땅고」,

- 사촌 동생의 부음을 받고 시골 고향을 찾게 되면서 과부들만 남은 그곳 인척들의 따뜻한 환대와 인간애를 통해 죽음과 이별은 아픈 상처를 남기지만 남은 사람들의 사랑으로 외로움을 극복할 수 있다는 깨달음을 얻고 젊은 날의 아버지와 화해의 길로 돌아오는 「넬라 판타지아」,

- 부모의 불행한 죽음으로 고난 속에 살아야 했던 고향을 등지고 바다로 떠났던 사내가 다시 고향으로 돌아와 주변 친지들과의 만남을 통해 정착하게 되는 과정을 지난 시절 라스팔마스에서의 생활과 병치시킨 「간절곶 등대에서 길을 묻는다」,

- 대양으로 나간 원양어선의 젊은 선장과 선원들에게 드리워진 애환과 운명 그리고 이들의 희망이자 무자비한 희생을 강요하

는 바다의 두 얼굴을 그린 「무중항해」.

이는 모두 불안정한 현실을 떠나 새로운 세상으로 향하는 노정 속의 일들이며 그 위에서 반복되는 만남과 이별 그리고 떠남과 돌아옴의 관계를 정교하게 전개한 작품들이다.

서평 – 부산일보 문화부 선임기자 최학림

2016년 부산일보 해양문학상을 수상하면서 등단한 하동현 소설가가 첫 소설집 『아디오스 땅고』(가을)를 냈다. 1984~1998년 원양어선 선장, 냉동운반선 운항 감독관 등으로 바닷일에 몸을 담갔던 그는 등단 이후 여러 문학상을 연거푸 받았다.

2018~2020년 3년간 총 5개상을 휩쓸 정도로 그는 문학에 대한 숨 가쁜 갈망과 갈증을 드러내었다. 이번 소설집에 6편이 실렸는데 표제작을 빼고는 등단작과 수상작이다(장편 수상작은 소설집에서 빠지었다).

그는 해양소설의 맥을 잇는 소설가로 거명되고 있다. 등단작 중편 '무중항해'는 사건들이 끊임없이 불거지는 남대서양 오징어잡이 배의 만만찮은 항해를 다룬 작품이다. 그물에 러시아인 시체가 걸려 장사를 치러주거나, 추진기에 그물이 감겨 이틀간 파도에 농락당하며 표류하기도 하고, 항해 중 선원들 사이에서 칼부림 사고가 일어나기도 한다.

또 같은 어장에서 조업하던 배가 침몰해 선원들을 구조하는 긴박한 상황도 벌어진다. 노후 선박으로 회사에서 일부러 가라앉히려 하였다는 의혹이 이는 경우다. 소설 시간 배경은 작가의 경험에 바탕을 둔 1990~1992년이다. 세계 2위 위상을 과시하던 한국 원양어업이 서서히 사양화 길로 접어들던 시기였다. 이 작품은 그 시기에 대한 기록이기도 하다.

작품에는 '세일링'이란 노래가 흐르고, '안갯속 항해'는 한 치 앞을 알 수 없는 삶의 은유다. 악천후로 뒤집듯 배를 흔들어대는 저기압과, 앞을 보이지 않게 하는 안개가 숨바꼭질하듯 번갈아 왔으며 '바다는 벌판에 버려진 듯 가진 것 없는 자들에게 희망의 공간이자 예측할 수 없는 무자비한 황무지가 되기도 하였다'는 것이다. '안개와 파도 속에서 어군을 찾아가는 길은 결국 자신을 찾아가는 길이기도 하였다'는 것이다.

작품 중에는 새로운 관점의 해양소설이 들어 있다. '헥토파스칼, 여수'는 특이하게 히말라야 네팔 출신의 이주노동자 관점을 취한다. 가난과 지진으로 부모를 잃은 그는 원양어선 승선 뒤 다시 여수 바다에 정착해 거친 사건과 이질적인 삶을 극복해 나간다. 작가 경험에 근거한 냉동운반선 감독관이 등장하는 '아디오스 땅고'도 아르헨티나 작은 항구의 이국적 정서가 짙게 묻어나는 특이한 작품이다.

그의 작품들은 바다에서의 삶은 파도 위를 떠다니는 삶이고 목적지가 언제나 바뀌는 삶이라는 걸 전하는데 결국 그것이 우리 삶의 깊은 국면과 통한다는 것이다. '우리 인생은 가늠할 수 없는 것들의 연속'이며 '삶은 견디는 것'이라는 것이다.

'피안의 춤' '넬라 판타지아' '간절곶 등대에서 길을 묻는다'는 바다 체험과 육지의 삶을 교차시킨 작품들이다. 그는 "우리 인생은 파도 속에서 출렁거리며 가는 것"이라고 하였다.

서평 – 국제신문 북칼럼니스트 박현주

소설로 녹여낸 원양어선인 애환

– 아디오스 땅고/하동현 소설집/가을/1만4,000원

원양어선 선장 출신 하동현 소설가의 소설집. 수록된 작품들은 불안정한 현실을 떠나 새로운 세상으로 향하는 노정을 배경으로 한다. 그 속에서 반복되는 만남과 이별, 떠남과 돌아옴을 정교하게 전개해 나간다.

아르헨티나 시골 부두에서 승선 대기 중 만난 이국 소녀와의 만남과 이별의 아픔, 그러면서도 다시 운명처럼 바다로 떠나야 하는 '아디오스 땅고', 대양으로 나간 원양어선의 젊은 선장과 선원들에게 드리워진 애환과 운명 그리고 이들의 희망이자 무자비한 희생을 강요하는 바다의 두 얼굴을 그린 '무중항해' 등 6편의 중·단편이 실려 있다.

2. 바다, 그리고 해양문학

이제 바다라는 대상, 그리고 해양문학의 가치와 쓸모를 규정지어 보자.

(필자의 글 '해항도시 부산과 해양문화 – 문학'에서 발췌, 재구성한 글이다.)

바다

'It's Blue', 인류 최초 우주인 유리 가가린은 우주공간에서 지구를 내려다보며 감탄사를 내뱉었다. 지구는 죄다 바다색이었다. 이미 그는 '지구(地球)가 아니라 수구(水球)라 불러야 함'을 창공에서 여러 번 되뇌어 보았으리라.

인간은 바다 없이는 살 수 없다. 우리 실존체계에서 바다가 차지하는 비중은 엄청나다. 생명의 시원으로서의 생태물리학적 공간이자 정신문화적으로도 결코 경시할 수 없는 생존 터전이다. 인류에게 선물처럼 주어진 마지막 개발의 보고이자 후손에게 깨끗하고 아름답게 물려주어야 할 유산이기도 하다.

'상생과 공존'의 현장이자 '탐험과 정복'의 대상이 되기도 한다.

하여 바다는 구체적이고 직접적인 체험과 모험, 다시 말해 '도전과 개척'의 무대가 된다. 한 예로, 내가 종사했던 원양어업은 '인간의 삶을 대자연에 기대려 한 한 가지 방식'이자 '국민 미래 식량 확보를 위한 해양영토 확장'이라는 의미를 지닌다.

미래학자들은 인류의 앞날을 바다에서 찾자고 입을 모은다. 자본의 탐욕에서 비롯된 무차별적 약탈과 개발로 급기야는 인간성 말살로까지 이어진 육역(陸域) 중심 사고를 개방과 교류, 순환과 재생의 공간인 해역(海域) 중심 사고로 전환하자 외친다. 자원 고갈, 기후변화, 미래 먹거리 문제 등을 풀어나갈 비밀의 열쇠 또한 바다일 수밖에 없다고 강조한다.

현재까지 인간이 탐험한 바다는 전체의 5% 미만에 지나지 않는다. 지구 면적 71%를 차지하는 바다는 120경 7,000조 톤에 이르는 해수 속에 현존 생물의 80%를 넘게 품고 있다. 내 거룩한 밥줄이었던 원양어선 고기잡이 체험을 언급하지 않더라도, 우리는 그중 일부만을 파악하고 있으며 최첨단 시스템을 갖춘 어법(漁法)으로도 단지 몇 %의 어획에 그칠 뿐이다(하략)….

해양문학

대항해시대 최후의 승자 섬나라 영국은 해양에 국운을 걸었다. 해양화, 세계화 정책을 기저에 깔고 친화 사상을 고취시키었다. 상위개념인 해양인문학을 바다의 존재 의미를 알아보려는 태도와 방식으로 규정한다면, 문학은 가장 경제적이며 포괄적으로 해양을 인식하고 알릴 수 있는 도구이기도 하였다.

바다는 신화와 기담, 신비와 경이로 가득 찬 세계였다. 소명 의식을 가진 작가들이 불굴의 도전과 개척정신을 가미해 문학에 담아내었다.

문학은 가장 오래된 친인간적 예술 양식이다. 대중 의식에 깊이

스며들어 사상과 신념 같은 인간의 성정과 세계관을 형성한다. 무수한 해양 소재 작품들이 최고 해양 강국의 국민 정서를 대변하며 세계의 문학을 선도하여 왔다.

…(중략) 해양문학은 문학사 콤플렉스가 없는 야생의 영역이다. 해양은 우리가 누리는 삶과 문명, 가치관과 직결되어 있다. 해양문학은 바다의 의미와 절대가치를 일깨워 준다. 극한 상황에서의 존재 방식으로 인간성의 본질을 이해하고 통찰할 수 있게 한다.

해양문학으로도 인류와 세계를 학습할 수 있으며, 혼란스러운 역사와 정치를 분석할 수도 있다. 작금이 인간의 활동이 지구환경을 변화시켜 만들어진 '인류세(人類世, Anthropocene) 시대'라면, 그 책임과 대응을 찾는 생태계, 기후 문학도 아울러 새로운 대안 문명 추구에 다양한 발상과 모범을 제시할 수도 있다.

해양문학은 우리 삶의 방식과 오염된 정체성을 복원시킬 수 있는 개척의 영역이기도 하다.

영화 '타이타닉', '아바타, 물의 길'의 감독이자 해양탐험가인 제임스 카메론(James Cameron)이 말하였다. "먼저 해양을 탐구하며 무한한 대자연의 상상력을 학습하라." 번역 투 건조한 문장이지만 그 자신 바다가 끊임없는 창조적 영감의 근원임을 공언하였다.

극지연구소와 북극항로 개척에, 심해, 심연, 미지의 영역까지 실체적 체험의 대상이 되는 시대다. 새로운 세대 젊은 항해자들이 먼바다 뱃길을 열어젖힌다. 한국인의 체취가 듬뿍 스민, K-해양문학을 이끌어 갈 새로운 영감을 가진 신세대의 출현도 기대된다.

…(중략) 해양은 육역과 대별되는 경계적 개념만이 아니다. 경계는 맞닿아 연결되어 함께 변화하며 이동한다. 삼면이 바다로 '둘러싸인'이란 표현을 '열려 있는'으로 전환해 사고의 폭을 대양으로 넓혀야 한다.

해양문학은 여전히 현재 진행형이자 기대의 영역으로 '열려'있다.

3. 제167강 강의 내용

앞서 서술한 대로 바다 공부 모임이라는 시각에서, 소설 작품에 대한 설명보다 작품의 배경이 되는 원양어선원들의 일상과 노동, 즉 바다에서의 생활을 알리는 게 더 의미가 있을 걸로 판단하였다.

하여 원양어업 범주 내에서, 내 전공이었던 선미 쪽으로 대형 그물을 끄는 '선미트롤선(Stern Trawl)'과, 현역 국제옵서버로 승선 중인 이윤길 선장이 제공한 재래식 연승(延繩-주낙, 낚시 어구) 횟감용 참치(Tuna)잡이선의 어로작업 사진을 병행해 설명하고자 하였다.

최소한으로 줄인 어획, 가공 처리, 전재(화물이적) 등 대략적인 조업시스템을 일반인들이 이해하기 쉽게 알리고자 하였으며, 양질의 국민단백질 공급이라는 명제 하에 극한직업의 대명사가 되어버린 원양어선과 선원들의 혹독한 노동과 일상을 부각시키려는 의도도 있었다.

사진과 해설 자료의 예로, 지면 관계상 6장만 첨부한다.

부산항 선망 선단 출어

선미트롤선(수산대학 실습선 새바다호)

남빙양 항해

아디오스 땅고 책 표지

남방 밍크 고래

참치선 황천조업

사진: 이윤길 선장 제공

4. 맺음말

위와 같은 순서와 형태였으며, 거짓, 허구의 상징이 되어버린 '소설 쓰고 있네…'라는 상용구를 예시로 글과 문학의 쓸모를, 대영제국의 국민 정서와 위상을 세상에 알렸던 '해양문학'의 존재가치와 효용성에 빗대 설명하고자 하였다.

'뭍 속의 섬, 땅 끝'이라는 의미를 지닌 한반도(韓半島)를 '대륙과 해양'을 잇는 가교역할로 보는 역발상을 대입시켜, 사소할지 몰라도 우리나라가 '삼면이 바다로 둘러싸인' 이란 표현부터 '열려 있는'으로 전환하자 강조하고 싶었다.

해상무역과 조선업, 원양산업, 관광을 포함한 해양 관련 사업들은 국가경제지표를 지배한다. 해양문학이 개화하지 못하고, 더 큰 시각으로는 해운, 바다산업이 정책 우선순위에 밀려 활성화되지 못함은, 원양에서의 노동과 일상이 기피되는 현실, 경제성장의 본류임을 공감하지 못한 대중의 의식 지체 등을 꼽을 수 있겠다.

이러한 장애를 극복하기 위한 노력으로, 해양사를 포함하여 조선, 군사, 선박금융, 해상 법규, 항로 개척 등 통섭적인 바다 공부 모임인 저자 전문가와의 대화, 강의 내용 출간 등 일련의 작업들이 해양인문학적 사유를 널리 확산시켜 '글로벌 해양강국' 건설에 일조할 수 있기를 바라 마지않는다.

집필자 후기

(집필순)

■ 유창근

HMM(구 현대상선)이 2020년 초대형선 투입으로 경쟁력을 확보하고 코로나 특수로 2022년 10조 이상의 영업이익을 내며 재도약에 성공하였다. 금년도 수급측면에서 공급과잉이 예상되어 해운불황의 우려를 낳았으나 작년 말 또 다른 종류의 공급망 문제로 인한 운임 상승으로 호황을 누리고 있다. 그러나 대외적으로는 선사 간 협력구조인 Alliance 문제와 환경 규제에 따른 대체 연료 개발 문제, 내부적으로는 새로운 주인을 찾는 매각 작업과 영업 확충 및 해운인력 양성 등 넘어야 할 산이 많아 보인다. 이 글은 HMM과 한국 해운이 현재의 좋아진 상황에 안주하지 않고 현재의 상황과 우리의 능력을 재점검하고 환경 규제와 탄소 중립 시대인 미래를 위한 준비를 적기에 하여 실기하지 않았으면 하는 간절한 바람을 담고 있다 하겠다.

■ 최수범

본 연구를 집필하는 과정에서, 북극항로가 글로벌 해운과 물류 전반에 미치는 복합적 영향과 잠재력을 보다 심도 있게 살펴보았다. 기후 변화로 인한 북극해빙 감소가 운송거리 단축과 자원개발 기회를 열어주는 동시에, 국제분쟁 우려 등 다면적 이슈를 야기한다는 점을 분명히 알 수 있었다. 특히 상업적 가능성과 환경보호 간의 균형점을 찾기 위해, 각국의 정책 방향과 국제협력체계의 중요성을 알 수 있었다. 이 연구가 독자 여러분께 북극항로의 가치와 도전 과제를 균형 있게 이해하고, 지속가능한 해양 교역의 새로운 패러다임을 함께 모색하시는 데 도움이 되길 바란다.

■ 한철환

지금 글로벌 해운물류산업은 소위 '2D'라는 거대한 전환의 시대를 맞이하고 있다. 바로 탈탄소 전환(Decarbonization transformation)과 디지털 전환(Digital transformation)이 그것이다. 기후위기시대를 맞아 친환경 연료 및 선박을 통한 탄소중립 달성과 4차 산업혁명 시대 디지털 기술을 통한 혁신적인 비즈니스모델 창출이 해운물류기업들의 초미의 관심사가 되고 있다. 이 글은 향후 해운물류산업의 패러다임 전환을 가져올 한 축인 디지털 전환에 초점을 맞추어 디지털 전환의 의미와 효과, 디지털 기술들의 활용방안, 각국의 대응전략 그리고 디지털 전환의 성공조건에 관한 내용을 정리한 것이다. 부족하지만 이 글이 한국 해운물류업계가 디지털 전환에 대한 인식을 새롭게 하고, 디지털 경쟁력을 착실히 갖추어 나가는 데 필요한 논의의 물꼬를 트는 데 조금이나마 기여할 수 있기를 기대해 본다.

■ 송강현

해운의 탈탄소화는 이제 역행할 수 없는 현실이 되었다. IMO, EU, 화주, 해사금융 등에서는 친환경 선박으로의 전환을 강요하고 있으며, 이러한 압력은 더욱 더 거세질 전망이다. 선박 탈탄소를 위하여 많은 대체연료와 연료절감기술 등이 제안되고 개발되고 있다. 하지만 각 선택지는 연료가격이 비싸고 불안정하며, 개발된 기술의 효용성에 대해 상당한 불확실성을 내포하고 있어 선사의 선택을 더욱 어렵게 하고 있다. 하지만 내년 중기조치발효를 기점으로 이제 고민하고 걱정만 해서는 문제를 해결할 수 있다. 지금은 'time to take action'을 할 때이다. 고통스럽고 힘들지만 이제 분석을 시작하고 어떤 길이 각 선사에 가장 적절한지 찾아야 할 시기이다. 그리고 선사의 선택을 지원하기 위하여 정부의 지원책과 많은 기관에서 다양한 지원 기술이 개발되고 있다. 무엇보다 협업이 중요한 시기이다. 이번 강의를 통해서 해운업계가 처한 어려움과 각 선택지가 갖는 장단점을 이해하고 향후 추진 방향을 결정하시는 데 조금이라도 도움이 되었기를 바란다.

■ 이상근

최근 인공지능 기술은 챗GPT로 대표되는 생성형 거대언어모델을 기점으로 급속도로 발전하고 있다. 해양 및 해운 산업은 인공지능의 활용이라는 측면에서는 아직 초기 단계에 있지만, 인공지능 기술 적용으로 인한 효율화와 자동화의 이점이 매우 크리라 기대되는 분야이기도 하다. 이 글이 독자들로 하여금 최근 인공지능 기술 발달을 이해하고 해양 및 해운 산업에 있어 그 적용 가능성을 발견하는 계기가 될 수 있기를 희망한다.

■ 임도형

AI 기반 기술혁신이 산업을 재편하고 있으며, 시가총액 상위를 AI 기반 기술 기업들이 차지하고 있다. 최근 AI의 성능과 유용성은 놀라운 수준에 도달하고 있으며, 이를 바탕으로 자율자동차 등 모빌리티 분야의 자율 기술도 완전히 다른 차원으로 발전하고 있다. 특히, 이 분야의 선두주자로 평가받는 테슬라의 최신 자율주행 솔루션은 숙련된 인간 운전자 이상의 성능을 보여주고 있으며, 이에 힘입어 테슬라의 시가총액은 전 세계 자동차 제조업체들의 시가총액을 합한 것과 견줄 정도로 상승하고 있다. 조선해양업계 역시 환경 규제 강화로 인한 최적 운항 요구와 선원 부족 문제로 인해 AI 기술을 기반으로 한 자율운항 선박 기술이 보편화되고 있으며, 자율운항 기술을 선점하는 기업이 향후 조선해양 산업의 주도권을 가질 것으로 예상된다. 이에 개별 기업의 노력뿐만 아니라 국가적인 관심과 지원이 절실하다.

■ 정중수

메모리 반도체 일본을 꺾고 IT 선진국 진입이 자랑스럽다. 현재 아시아권의 대만을 살펴보자. TSMC 창업자인 대만의 영웅 장중모를 위시하여 NVIDIA의 CEO 젠슨 황, CPU는 인텔에 이어, GPU는 NVIDIA를 추격하는 AMD의 혁신을 몰고 온 리사 수가 있다. 또 슈퍼마이크로컴퓨터의 CEO 찰스 리앙도 있다. 이들 네 명은 세계적인 IT 기술자 출신의 슈퍼스타다. 한국은 누가 슈퍼스타인가? 답이 없다. 국내 교육시스템과 사회적 분위기 탓일까? 변화를 두려워하는 탓일까? 무언가는 깊이 짚어 보아야 할 것이다. IT 기술 후진국으로 주저앉는 순간 참담한 기술식민지가 될 것이다. 기술 발전 없었던 과거 선진국의 먹이가 된 것을 역사의 교훈으로 삼으면 어떨까!!!

■ 김연빈

역자 서문에서 언론인의 사명과 지식인의 역할을 웅변한 심훈의 자경시 「"필경

(筆耕)"」을 소개했다. 역자 후기에서는 국가전략은 없고 정쟁과 맹목적 추종만 가득한 국정 현장을 비판했다. 권력에 아부하는 견마지로와 손타쿠(忖度)를 언급하며 탄탄하던 아베 정권의 몰락을 환기시키고 횡행하는 지록위마를 경계했다. 출판인으로서 45년 만에 다시 발동된 비상계엄 사태를 겪으면서 제한당할 뻔했던 언론・출판・집회・결사의 자유와 그 의미를 절실하게 되새긴다.

■ 박범진

세계 10대 경제강국인 대한민국의 급속한 경제성장에 있어 제1의 주역은 뭐니 뭐니 해도 수출입 물자의 안전한 해상운송이 보장된 해양안보환경이 장기간 동안 유지되었기에 가능한 일이었다. 작금의 불확실한 글로벌 해양안보 상황하에서 현 인도태평양지역의 안보정세를 명확히 인식하고 향후 예상되는 한반도 주변해역을 포함한 글로벌 해양분쟁에 대비하고 한국의 생명선이자 번영선인 해상교통로(SLOC) 보호・유지와 국가 해양이익 수호를 위한 해군력 강화(항모를 포함한 기동함대 및 핵추진잠수함 확보)는 필수 불가결한 안보보험이자 유비무환의 비책으로 반드시 준비해야 할 것이다.

■ 이성철

그동안 우리나라는 세월호 침몰사건, 태안반도 해양유류오염 사건, 시 프린스 사건, 해상강도 살인 사건, 선박충돌 사건 등 수많은 해양범죄들이 발생하였다. 이로 인하여 선장, 선원, 도선사들이 처벌을 받았다. 필자의 저서 "형사실무와 판례"를 중심으로 자세히 논술하였다. 나아가 최근 가장 이슈가 되어 있는 중대재해처벌법의 입법 배경, 위헌성 논의, 현재 처벌의 정도와 진행경과 등에 대하여 실무에서 궁금한 쟁점들을 설명하였다. 바다 공부모임의 꾸준한 세미나를 통하여 지성인들의 꿈과 정성이 결실을 맺기를 기원한다. 더불어 좋은 인연이 되어 아름다운 동행이 되기를 바란다.

■ 김인현

모 일간지에 게재한 바다 관련 칼럼 50개를 책자로 만들었다. 다양한 이벤트가 나열되어 있어서 바다를 모르는 사람들에게 흥미를 유발할 것으로 본다. 이코노미 조선에서 '김인현의 바다 스토리'가 이어지고 있다. 동아일보에 게재하고 남은 것 중 35개와 이코노미 조선의 칼럼을 합쳐서 『바다, 배 그리고 별』 제2권의 출간을 기획하고 있다. 인품이 높으신 전문가들과 어깨를 나란히 하면서 나의 글이 같은 책에 실린다니 기쁘다. 바다 공부모임에서 만든 이런 책들이 우리나라 바다산업을 지탱하고 키우는 자양분이 되길 바란다. 바다 공부모임에서 한결같은 마음으로 자신이 공부한 것을 아낌없이 내어놓는 재능기부를 해주시는 분들께 감사드린다.

■ 하동현

해양문학의 목적은 '해양친화사상 고취', 다시 말해 바다에 대한 긍정적 인식 심기에 있고, 문학은 가장 경제적, 포괄적으로 바다, 해양을 알릴 수 있는 도구이자 수단이 될 수 있다. 강의 방식을 슬라이드로 변경해 원양어선의 일상과 노동을 알릴 수 있는 자리였다. 기회를 마련해 주신 여러분께 감사드린다.

집필자 약력

(집필순)

■ 유창근

고려대학교 경제학과 졸업
(전) 인천항만공사 사장
(전) 현대상선㈜ 대표이사 사장
(전) World Shipping Council 이사
(현) ㈔바다 저자와의 대화 좌장

■ 최수범

국립부경대학교 무역학과 졸업
국립인천대학교 물류학 박사
(전) 대통령직속 북방경제협력위원회 전문위원
(전) SLK국보 총괄상무 | 북극항로 개척자
(현) 국립인천대학교 동북아물류경영연구소 초빙연구위원
(현) 국립인천대학교 북방물류 교육협력사업 부단장
(현) 고려대학교 해상법연구센터 부소장
(현) ㈔바다 저자와의 대화 사무총장

■ 한철환

부산대학교 경제학과 졸업
부산대학교 경제학과 박사
Shipping Transport College(네덜란드) 졸업
(전) 한국해양수산개발원(KMI) 부연구위원
(전) 한국해양진흥공사 경영자문위원
(전) 한국항만경제학회 회장
(현) 동서대학교 국제물류학과 교수
(현) 해운항만물류 전문인력양성사업 단장
『디지털전환과 해운물류』(박영사, 2024)
『해운항만산업의 미래신조류』(효민, 2009)

■ 송강현

서울대학교 선박해양공학과 졸업
서울대학교 공학박사
(현) 한국선급 친환경선박해양연구소 소장
(현) 부유식해상풍력연구회장
(현) 대한조선학회 이사
(현) 한국마린엔지니어링학회 이사

■ 이상근

서울대학교 컴퓨터공학과 졸업
미국 위스콘신대학교 컴퓨터과학 박사
(전) 독일과학재단 책임연구원
(현) 고려대 정보보호대학원 부교수
(현) 한국정보처리학회 부회장

■ 임도형

서울대학교 공학사
KAIST 기계공학 석사
서울대학교 기계공학 박사
(전) 한국조선해양 자율운항연구실장
(전) 한국조선해양 디지털기술연구센터장
(전) 현대중공업 동역학연구실장
(현) HD현대그룹 아비커스㈜ 사업대표

■ 정중수

영남대학교 전자공학과 학사
연세대학교 대학원 전자공학과 석사・박사
(전) ETRI 연구원, 선임연구원
(전) Alcatel/Bell Telephone사 파견근무
(전) 국립안동대학교 공과대학 정보통신공학과 교수
(전) UMASS/Lowell 객원교수
(현) 국립안동대학교 공과대학 정보통신공학과 명예교수

■ 김연빈

한국방송통신대학교 법학과 졸업
요코하마국립대학 대학원 졸업(국제경제법학 석사)
(전) 주일한국대사관 해양수산관・국토교통관
(현) 도서출판 귀거래사 대표
(현) 오픈워터스위밍클럽 마스토스코리아(MastOWS Korea) 대표
(현) ㈳바다 저자와의 대화 부대표
『국제법으로 본 영토와 일본』(2024)
『국가전략이 없다』(2023)
『바다로 열린 나라 국토상생론』(2022)
AQUA 세계 마스터즈 수영선수권 OWS(3㎞) ‘2019 광주’ 완영, ‘2023 규슈’ 출전

■ 박범진

한남대학교 정치외교학과 졸업
국민대학교 대학원 정치학 박사(안보전략전공) 수료
(전) 1함대사 고속정(참-293호정) 정장, 구축함・초계함 갑판사관
(전) 정보사령부 특수대대장, 777사령부 정보부대장

(전) 합동참모본부, 해군본부, 국방정보본부 참모장교
(현) 예비역 해군대령(OCS 86기)
(현) 경희대학교 경영대학원 안보전략 겸임교수
(현) 통일부 통일교육위원
(현) 한국해양전략연구소 객원연구위원, ㈔이어도연구회 연구위원
(현) 산업통상자원부 전략물자기술자문위원

■ 이성철

연세대학교 법학과, 동 행정대학원 졸업
한국해양대학교 대학원 법학박사
(전) 서울중앙지방법원 부장판사
(전) 서울동부지방법원 수석부장판사
(전) 서울고등법원 판사
(현) 법무법인 평산 대표변호사
(현) 연세대학교 법무대학원 겸임교수
(현) 해양수산부 법률고문, 대한변협 법제위원
(현) ㈔바다 저자와의 대화 감사

■ 김인현

한국해양대학교 항해학과 졸업
고려대학교 법학사·법학박사
(전) 일본 산코라인 항해사 및 선장
(전) 해양수산부 정책자문위원장
(현) 고려대학교 법학전문대학원 명예교수
(현) 중국대련해사대학 및 상해해사대학 객좌교수
(현) 고려대학교 해상법연구센터 소장
(현) ㈔바다 저자와의 대화 대표
『바다와 나』(범우, 2017)
『바다와 배, 그리고 별 I 』(법문사, 2024)

■ 하동현

국립부경대학교(구 수산대학) 어업학과 졸업
(전) 라스팔마스, 뉴질랜드, 아르헨티나 공해 원양어선 선장·선단장
(전) 그리스 선적 Rosswell, SK해운 운항감독
(현) 수산물 수출입업, 해양문학가
해양산문집 『양망일기』, 소설집 『아디오스 땅고』

바다, 저자와의 대화 Ⅳ
— 12인의 저자가 들려주는 바다이야기 —

2025년 3월 20일 초판 인쇄
2025년 3월 25일 초판 1쇄 발행

저 자 김인현 · 유창근 외 10인
발행인 배 효 선

발행처 도서출판 法 文 社
주 소 10881 경기도 파주시 회동길 37-29
등 록 1957년 12월 12일/제2-76호(윤)
전 화 (031)955-6500~6 FAX (031)955-6525
E-mail (영업) bms@bobmunsa.co.kr
(편집) edit66@bobmunsa.co.kr
홈페이지 http://www.bobmunsa.co.kr
조 판 법 문 사 전 산 실

정가 20,000원 ISBN 978-89-18-91585-2